中小企業「互聯網+供應鏈金融」模式創新及風險防控研究

張誠、魏華陽 著

財經錢線

前言

「互聯網+」不僅是工業領域的一次技術變革，而且是金融服務領域的一次推陳出新。一方面，「互聯網+」創新模式可能帶來整個供應鏈系統運行效率的提升；另一方面，「互聯網+」也可能給系統內企業帶來意外風險。「中小企業線上供應鏈金融」產品發展還處於探索階段，所以，人們在研究「互聯網+供應鏈+金融服務」創新模式的同時，應該注重對整個系統風險的即時評估與控制。在本書中，我們首先通過演化博弈與機制設計進行創新模式設計，然後針對不同類型的中小企業利用模糊數學或者KMV模型以及系統動力學對風險進行評估與合理控制，把企業各個系統的即時信息、大數據的生成、雲技術的處理集成在「互聯網+」平臺上，在線上供應鏈金融模式創新的同時，力求達到「產業鏈」「金融鏈」生態系統的整體效果優化。如何達到預期的研究目標？本書主要從以下幾個方面進行研究：

第一，通過查閱國內外的數據資料，研究了中小企業在國民經濟中的地位和作用，分析中小企業生存問題、融資問題、麥克米倫缺口問題以及一些相關的政策制度等，提出解決中小企業的融資難問題刻不容緩。

第二，通過機制設計以及對金融機構案例的研究，提出了基於「互聯網+」的供應鏈金融一系列的創新模式，特別區分研究了「互聯網+金融機構+供應鏈」和「互聯網+大數據+供應鏈」等創新模式的不同應用範圍。

第三，通過演化博弈研究了線上供應鏈金融機構、上游企業、下游企業、

核心企業博弈均衡與非均衡解的確定，進一步通過系統動力學研究了一般供應鏈以及閉環供應鏈的參與主體所面對風險的非線性波動特徵，並做了一系列的相關仿真實驗進行觀察研究分析。

　　第四，通過 KMV 模型對上市公司信用違約風險的評估方法進行了研究。首次提出了基於 Simulink 仿真模型的構建，利用仿真模型即時動態計算系統風險的大小，並進行了滬、深兩市中小企業的實證分析實驗。

　　第五，通過模糊綜合評估對非上市公司信用違約風險的評估方法進行了研究，首次提出利用網絡信息迭代搜索模型查找非上市公司的風險指標基本信息，構建模糊綜合評估模型，並利用算例進行了研究分析。

目錄

1 緒論 / 1
    1.1 總體介紹 / 1
        1.1.1 研究的背景 / 1
        1.1.2 研究的目的和意義 / 4
        1.1.3 研究的創新之處 / 6
        1.1.4 研究的應用前景 / 6
        1.1.5 研究的思路 / 6
        1.1.6 解決方案 / 7
        1.1.7 解決的方法與論證 / 8
        1.1.8 技術路線圖 / 8
    1.2 研究綜述 / 9
        1.2.1 國內外關於中小企業融資的研究綜述 / 9
        1.2.2 科技型中小企業融資研究述評 / 11
        1.2.3 中小企業供應鏈金融的研究綜述 / 13

2 中小企業「互聯網+供應鏈金融」風險相關理論綜述 / 18
    2.1 所涉概念的定義與分析 / 18
        2.1.1 中小企業的定義 / 18
        2.1.2 供應鏈與供應鏈金融的定義 / 23
        2.1.3 「互聯網+」的含義 / 24

　　　　2.1.4　相關研究方法與模型／25

　　　　2.1.5　企業信用風險決策的常用方法／34

　2.2　本章小結／39

3　互聯網+商業銀行+中小企業供應鏈融資模式創新研究／40

　3.1　互聯網+商業銀行+中小企業供應鏈融資模式／40

　　　　3.1.1　中小企業「商業銀行+線上供應鏈金融（OLSCF）」融資創新模式／41

　　　　3.1.2　「商業銀行+線上供應鏈金融（OLSCF）」的SWOT分析／46

　3.2　中國商業銀行發展線上供應鏈金融實例研究／50

　　　　3.2.1　中信銀行／50

　　　　3.2.2　招商銀行／51

　　　　3.2.3　交通銀行／52

　3.3　本章小結／54

4　互聯網+大數據+中小企業供應鏈融資模式創新研究／55

　4.1　基於線上B2C/B2B+大數據+供應鏈的融資模式／55

　　　　4.1.1　阿里巴巴的小額融資模式／58

　　　　4.1.2　蘇寧的供應鏈金融／59

　　　　4.1.3　京東的供應鏈金融服務平臺／61

　4.2　其他民間融資：信息數據平臺+線上供應鏈金融模式／62

　　　　4.2.1　線上P2P供應鏈金融借貸創新模式與投資人影響因素研究／62

　　　　4.2.2　眾籌供應鏈金融模式創新／77

　　　　4.2.3　中國信息數據平臺+線上供應鏈金融模式實例研究／78

　　　　4.2.4　其他線上金融平臺融資創新形式／84

　4.3　國外基於線上B2C/B2B+大數據+供應鏈融資創新／85

　　　　4.3.1　UPS公司全球供應鏈圖景／85

         4.3.2　UPS大數據+線上供應鏈金融創新模式／ 87

         4.3.3　亞馬遜全球供應鏈圖景／ 91

         4.3.4　大數據與亞馬遜供應鏈金融創新／ 93

    4.4　本章小結／ 95

5　互聯網+供應鏈金融演化博弈與系統仿真研究／ 96

    5.1　供應鏈金融的博弈論原理／ 96

         5.1.1　企業博弈的基本要素和均衡類別／ 96

         5.1.2　企業博弈的基本類型和策略／ 97

         5.1.3　國內外關於企業信用風險博弈決策的應用研究／ 99

    5.2　供應鏈金融演化博弈分析／ 102

         5.2.1　一般靜態均衡模型／ 102

         5.2.2　動態演化博弈模型的建立與分析／ 103

         5.2.3　供應鏈金融系統動力學模型的建立與仿真分析／ 106

    5.3　對於特殊供應鏈的研究——以閉環供應鏈為例／ 128

         5.3.1　系統流程圖／ 128

         5.3.2　系統仿真／ 129

         5.3.3　解決措施／ 132

    5.4　本章小結／ 134

6　線上中小企業信用風險違約概率模型建立與測算實驗／ 135

    6.1　基於Simulink仿真模型建立與中小上市公司實證檢驗／ 135

         6.1.1　仿真模型的建立／ 135

         6.1.2　實證檢驗——以中小板ST上市公司為例／ 136

    6.2　模糊數學在非上市公司信用風險管理領域中的應用原理／ 142

         6.2.1　公司信用風險管理中的模糊數學／ 142

         6.2.2　公司信用風險管理領域中模糊數學的基本運算法則／ 144

   6.2.3 公司信用風險管理中模糊集合的模糊程度的基本
      算法／146

   6.2.4 公司信用風險管理中模糊數學的主要研究方法／149

   6.2.5 WEB 搜索與非上市公司信用風險指標信息獲取／152

   6.2.6 採用 FAHP 對中小非上市公司風險信息元的分析與處理／153

   6.2.7 應用分析／156

 6.3 本章小結／159

7 中國發展供應鏈金融的政策與建議／160

 7.1 發展中小企業供應鏈金融的政策／160

   7.1.1 商業銀行發展線上供應鏈金融的政策／160

   7.1.2 發展基於大數據平臺線上供應鏈金融的政策／161

   7.1.3 發展線上供應鏈金融的其他政策／161

 7.2 發展線上供應鏈金融的建議／162

參考文獻　／164

1 緒論

1.1 總體介紹

1.1.1 研究的背景

1.1.1.1 全球中小企業概況

世界銀行 2015 年 1 月的一份調研報告表明：目前在新興市場，有 3.65 億~4.45 億中小微型企業：其中 2.5 千萬~3 千萬是正規的中小企業，5.5 千萬~7 千萬正規微型企業，2.85 億~3.45 億是非正規中小企業。根據亞太經合組織 APEC 的統計：亞太地區的中小企業在促進國家技術創新以及國民就業方面發揮著重要的引導作用，中小企業 GDP 貢獻率超過 50%，就業貢獻率超過 60%。

中小企業的商業銀行信用評級較低，它們一般不能像大公司那樣容易獲得商業銀行信用貸款。中小企業一般依靠內源性融資進行創業活動或者維持企業日常運作，大約 50% 的正規中小企業沒有獲得正式信貸，而非正規中小企業融資缺口會更大。總體而言，大約 70% 的中小企業在新興市場中缺乏信用，而且區域差異大，在亞洲和非洲尤為顯著。目前正規和非正規中小企業的信貸缺口總額年均高達 26,000 億美元，其全球融資缺口分佈圖見圖 1.1。

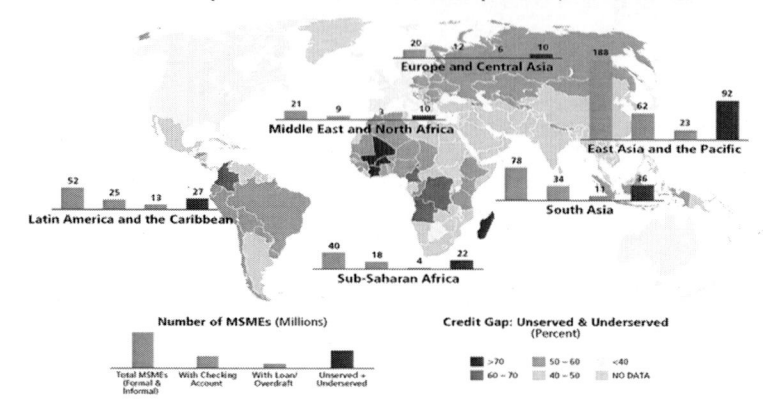

图 1.1　全球中小企業（正規、非正規）融資缺口分佈圖

資料來源：Small and Medium Enterprises（SMEs）Finance，worldbank

據世界銀行估計，在未來 15 年內，社會需要創造 6 億個工作崗位去吸收全球日益增長的勞動力，主要分佈在亞洲國家以及撒哈拉沙漠以南的非洲地區。在新興市場國家中，大多數的正式就業機會都來源於中小企業，這一比例高達 80%。然而，融資渠道狹窄或單一使得中小企業形成麥克米倫缺口，目前正規的中小企業信貸缺口年均估計為 12,000 億美元。這一巨大的融資缺口可能導致許多正規中小企業面臨停業或者破產。全球正規中小企業融資缺口分佈圖見圖 1.2。

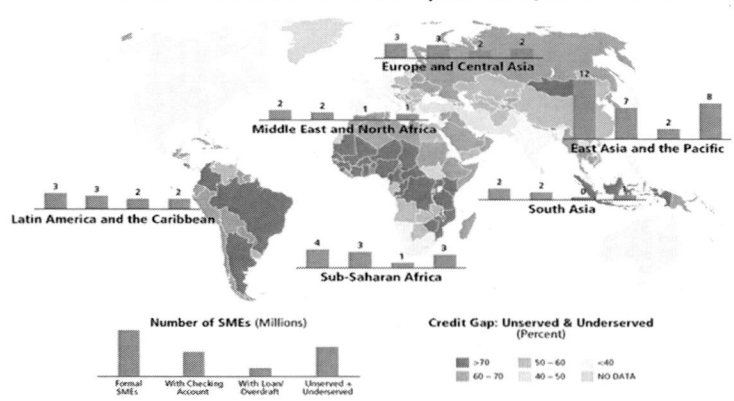

图 1.2　全球中小企業（正規）融資缺口分佈圖

資料來源：Small and Medium Enterprises（SMEs）Finance，worldbank

在韓國，中小企業直接融資與間接融資缺口如表 1.1 所示：

表 1.1　　　　韓國中小企業直接融資與間接融資缺口

◆ Direct and Indirect financing of big firms and SMEs in Korea

(unit: 100 won; %)

		2000	2001	2002	2003	2004	2005	2006	2007(1～9)
stock	Big	80,055 (55.8)	90,741 (74.5)	68,808 (74.3)	86,423 (77.7)	65,082 (78.6)	37,749 (55.8)	37,139 (57.1)	71,779 (69.1)
	SME	63,430 (44.2)	30,979 (25.5)	23,791 (25.7)	24,745 (22.3)	17,705 (21.4)	29,884 (44.2)	27,854 (42.9)	32,137 (30.9)
bond	Big	172,681 (97.7)	396,989 (99.1)	234,471 (98.2)	182,510 (99.5)	261,087 (99.6)	219,303 (98.9)	169,630 (98.9)	163,628 (96.9)
	SME	4,004 (2.3)	3,535 (0.9)	4,184 (1.8)	885 (0.5)	979 (0.4)	2,249 (1.1)	1,965 (1.1)	5,187 (3.1)
total	Big	252,736 (78.9)	487,730 (93.4)	303,279 (91.6)	268,933 (91.3)	326,169 (94.6)	257,052 (88.9)	206,769 (87.4)	235,407 (86.3)
	SME	67,434 (21.1)	34,514 (6.6)	27,975 (8.4)	25,630 (8.7)	18,684 (5.4)	32,133 (11.1)	29,819 (12.6)	37,324 (13.7)

(note) ABS and bond issued by financial institution are excluded from total bond, and the number in ( ) is the ratio.
Data: FSB

資料來源：http://www.apec-smeic.org/_file/mal/Presentation1(Malaysia).pdf

1.1.1.2　全球各國中小企業數量與貢獻值

在中國，改革開放以來，中小企業發展非常迅猛。根據亞太經合組織 APEC 的統計：截至 2017 年，中國共有中小企業 4,000 多萬家（包括正規與非正規），其中正規中小企業 1,100 萬家以上，占企業總數的 99% 以上。中小企業每年所創造的最終產品和服務的價值對全國 GDP 貢獻率在 60% 以上，生產的商品占社會銷售總額的 60% 以上，出口總額占比 60% 以上，上交的稅收也超過總額的 50%，並且為中國城鎮提供了 80% 以上的就業崗位。其中科技型中小企業年均增長速度超過 10%。另外，65% 以上的發明專利、75% 以上的技術創新、85% 以上的新產品開發都是中小企業完成的。多年來，在中國形成的民營五百強企業超過 90% 是由中小微企業成長起來的，這些企業很多是科技附加值較高的企業，如華為、吉利、福耀、力帆等。

根據 2012 年美國人口普查局的數據，在美國，中小企業占所有企業總數的 99%，解決了美國就業總人數的 48.4% 的就業。中小企業對美國的經濟增長和技術創新發揮了重要作用。

在日本，根據 2012 年日本中小企業研究機構 SMRJ 的研究結果，中小企

業成為日本經濟的支柱，中小企業占日本企業總數的 99.7%，解決了日本就業總人數 70% 的就業，創造的價值超過日本 GDP 的 50%（集中在製造業）。日本的大企業如豐田、本田、索尼的產品大部分是由中小企業分包商製作的零件，因此，日本產品的質量是以中小企業的基礎力量為支撐的。此外，中小企業的振興促進了市場的競爭，可以成為新產業和產業結構轉化的驅動力。日本中小企業發揮了重要作用，振興了地方經濟，增加了就業機會。

在韓國，根據 Sung-Sup Kim 在 APEC 中小企業創新領導峰會上的報告：在韓國的經濟結構中，中小企業數總量約為 300 萬，其中 84,000 家為中小企業（50~300 名員工），230,000 家為小企業（10~50 名員工），以及 268 萬家微型企業（員工少於 10 人）；中小企業占整個企業總數的 99.8%（300 萬中小型企業）。

在韓國的就業體系中，中小企業就業人數占比總就業人數逐年上升，從 2000 年左右的 80.6% 上升到 2007 年年底的 88.4%。韓國在 1998 年年底至 2004 年擺脫金融危機過程中，大型企業的員工數減少了 90 萬。而由於業務重組，中小企業創造了約 27.5 萬個新的就業機會。這說明中小企業在創造就業方面有著重要的穩定作用。

在印度，中小企業對經濟貢獻達 45%、出口貢獻達 40%，中小企業從業人員 6,000 萬人，每年創造 130 萬個就業崗位，為印度和國際市場提供超過 8,000 種優質產品。印度約有 3,000 萬家中小企業，且每年以 8% 左右的速度增長。印度政府也採取了不同措施提高中小企業在國際市場的競爭力。

在印度，有幾個因素促成了印度中小企業的成長：資金支持、新技術的使用幫助中小企業增加了產品價值，各種貿易門戶網站有助於促進買家和供應商之間的貿易，從而減少了貿易壁壘。有了政府的強大支持，印度中小企業將繼續彰顯它們的成長優勢。儘管增長強勁，印度中小企業仍然蘊含著巨大的潛力。

1.1.2 研究的目的和意義

中小企業融資難是一個世界性難題。早在 1931 年，英國的《麥克米倫報告》就指出：英國金融機構和非金融機構能向中小企業提供的貸款供給數額小於中小企業的需求，兩者之差形成了「麥克米倫缺口」。中國中小企業發展迅猛，目前已有 1,100 多萬戶，占全國實體企業總數的 99% 以上，提供了 80% 的城鄉就業崗位，創造了一半以上的出口收入和財政稅收。目前中小企業

GDP 貢獻率為 60% 以上，占出口總額的 60% 以上。但是由於受到 2008 年美國次貸危機及其引發的全球經濟衰退，中國中小企業融資的內外部環境惡化。楚天都市報記者通過實地調查連續走訪報導，得出的結論是中小企業融資難度非常大。如何利用金融創新產品填補「麥克米倫缺口」，支持中小企業發展已經成為了各地共同面臨的難題。

本研究的實踐價值在於促進互聯網技術、互聯網金融、供應鏈金融三者有機融合發展，摒棄片面化、單調性的思維。項目的研究成果可以讓更多的人瞭解線上供應鏈金融的相關理論知識，明白互聯網技術、互聯網金融和供應鏈金融之間的相互作用機理，即在互聯網背景下評估供應鏈上下游企業的信用風險，即時動態管理中小企業供應鏈金融風險，防範企業信用違約風險。本研究有利於優化中國金融機構在供應鏈上合理配置資金，從而解決中國中小企業融資的「麥克米倫缺口」問題。

本研究的理論價值在於突破傳統研究中小企業融資問題的方法，利用互聯網技術（互聯網技術上下游聯繫圖詳見圖 1.3）、KMV 模型、模糊數學來綜合評估分析和測度中國上市中小企業和非上市中小企業信用違約風險的大小，實現理論融合與分類測量。同時運用博弈論、系統動力學及其系統仿真等新的融合研究範式，從理論高度揭示中小企業供應鏈金融背後運行的規律。

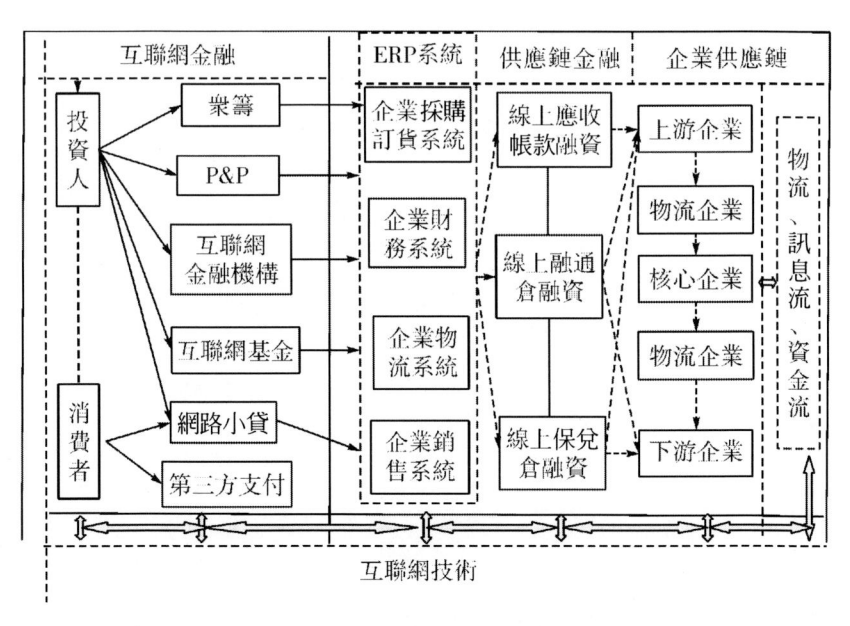

圖 1.3　互聯網技術上下游聯繫圖

1.1.3 研究的創新之處

本研究突破了前人只關注互聯網技術、互聯網金融或者供應鏈金融某一方面的研究的局限,著力研究互聯網與供應鏈金融融合創新的化學反應,從金融學、管理學、系統論與控制論等多學科的角度闡釋三者之間的融合反應過程以及融合反應的結果。國內外很少有學者將三者有機地結合起來作為一個整體進行研究。互聯網、互聯金融或者供應鏈金融在今天的中國是同步推進的,並行不悖,三者之間的作用相互交織。

1.1.4 研究的應用前景

本研究的成果可以為政府相關機構制定線上供應鏈金融政策措施提供幫助,同時為金融機構線上供應鏈金融設計和推出新的模式提供一個較為科學的依據,可以作為金融監管機構、金融機構、互聯網金融機構、投資理財機構未來業務拓展的參考資料。

如果本研究的成果能夠順利推廣和應用,並經得起實踐的檢驗,那麼將有助於中國各類金融機構更好更快發展,有助於發展中國多層次的金融市場,為中小企業進一步發展提供有力的支撐。

1.1.5 研究的思路

1.1.5.1 需要解決的關鍵問題

(1) 互聯網背景下線上供應鏈金融的創新模式有哪些?傳統線下中小企業供應鏈金融一般可分為融通倉、保兌倉融資、應收帳款融資三種模式,線上供應鏈金融模式會產生哪些改進與變革?

(2) 互聯網金融與線上供應鏈金融如何融合創新?創新的模式有哪些?如何將線上供應鏈金融產品植入到互聯網金融中去,或者說如何將互聯網金融產品延伸至線上供應鏈金融產品中去,從而形成線上金融機構完整的投資、融資的資金鏈條(詳見圖1.4)。

```
互聯網基金 ────────── P&P ╌╌╌╌→ 非供應鏈企業 ── 傳統金融
第三方支付 ────── 眾籌 ── 網路小貸 ╌╌→ 線上供應鏈企業 ── 線上供應鏈金融
        ├─────────────────┬─────────────────┤
              融資    │ 線上金融機構 │    投資
                    └──────────┘
```

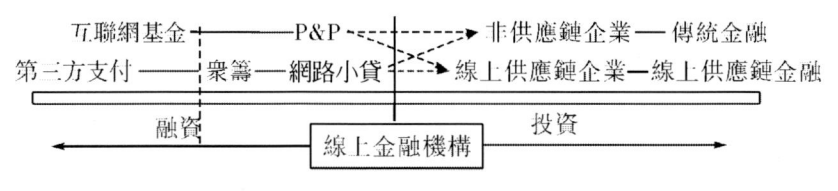

圖 1.4　線上金融機構完整投融資金鏈

（3）創新模式下各參與人的博弈行為。

（4）互聯網背景下中小企業線上供應鏈金融風險評估方法有哪些？中小企業可分為上市的中小企業（中小板、創業板、新三板）以及非上市的中小企業，由於兩者信息披露的程度不同，所以金融機構需要使用不同的模型與方法評估兩類中小企業信用風險的大小。

（5）互聯網背景下線上供應鏈金融系統的風險波動壓力測試及其控制。線上供應鏈金融系統包括了上下游企業、核心企業以及物流倉儲企業等，它們共同構成了一個協調的統一整體。線上供應鏈金融風險波動是一個整體波動，需要測試整個供應鏈系統的抗風險能力，同時也需要找出控制風險的方法措施。

（6）互聯網背景下發展中國線上供應鏈金融的政策措施有哪些？中國的金融市場和資本市場與歐美國家差異較大，所以中國在發展線上供應鏈金融時應該因地制宜，擬定和出抬適合中國國情的解決方案。

1.1.6　解決方案

（1）根據互聯網技術平臺下企業信息傳遞方法與路徑，研究互聯網與中小企業供應鏈金融融合創新模式以及互聯網金融與線上供應鏈金融融合創新模式，把參與人利益博弈、信息傳遞、流程優化等聯繫起來，開創一個新的解決方案。

（2）通過文獻整理，在前人已有的研究基礎上，分析互聯網背景下線上供應鏈金融的風險影響因素，構建中小企業線上供應鏈金融風險評估指標體系。

（3）按照信息披露的方式以及融資途徑的不同，把供應鏈中小企業分為上市公司中小企業與非上市公司中小企業兩類，提出兩種不同的風險評估方法與模型。上市公司中小企業擬採用 KMV 模型做實證分析，非上市公司中小企業擬採用 FAHP 做算例分析。

（4）研究線上供應鏈金融系統風險波動的內在機理，把風險波動時序過程與風險壓力測試聯繫起來，探索供應鏈金融系統性風險以及時序過程控制方法，開創一個新的解決方案。

（5）研究國外發達國家的先進經驗，結合中國實際情況以及現實經驗教訓，盡可能總結一些地方金融機構的應用案例，提出適合中國中小企業線上供應鏈金融發展的方法、措施。

1.1.7 解決的方法與論證

（1）結合互聯網信息技術理論，運用機制設計原理，創新性地設計線上供應鏈金融運作模式，盡可能通過一些金融機構合作實踐論證模式的合理性與科學性。

（2）運用演化博弈理論，研究網絡關係下線上供應鏈金融創新模式下參與人的博弈行為，通過數學推導進行論證。

（3）利用中國證券市場中小板、創業板、新三板的披露數據，採用 KMV 模型測度中國供應鏈企業中的上市公司信用違約風險的大小，通過 Mat-lab 實現。

（4）利用互聯網信息搜索方法以及公司披露的財務報表信息，運用模糊綜合評估的方法測度中國供應鏈企業中的非上市公司信用違約風險的大小，通過 Mat-lab 實現。

（5）系統動力學理論及其仿真實驗對中小企業線上供應鏈金融風險的波動趨勢及其風險的壓力測試進行研究，通過 Vensim 實現。

1.1.8 技術路線圖

在互聯網技術背景下，通過線上供應鏈金融參與人的利益博弈與信息共享機制分析，設計互聯網金融、供應鏈金融與互聯網技術的交互融合產品新模式，控制線上供應鏈金融信用風險，降低企業融資成本，最終提高金融資源整體的優化配置效率。技術路線圖見圖1.5。

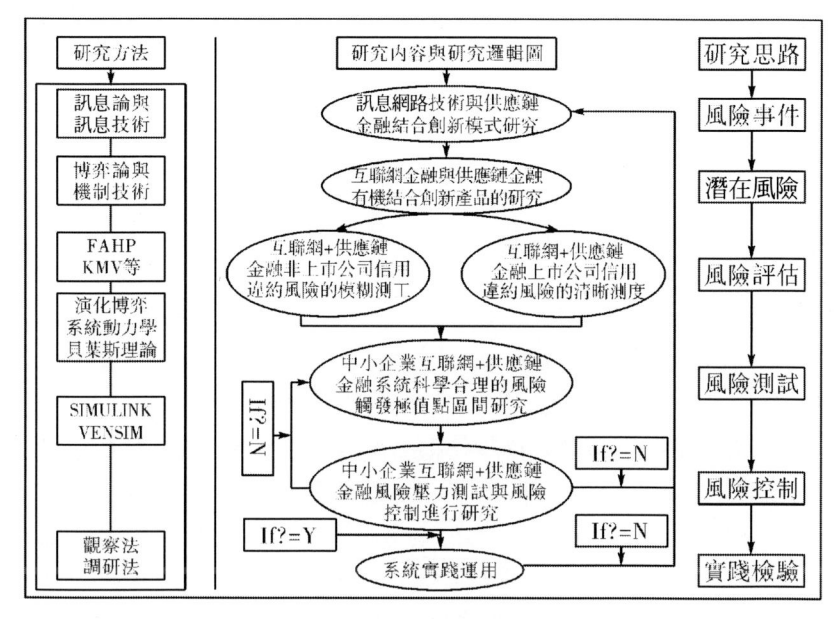

圖 1.5　技術路線圖

1.2　研究綜述

1.2.1　國內外關於中小企業融資的研究綜述

中小企業融資難是一個世界性難題。由於中小企業在市場競爭中往往處於弱勢地位，中小企業，尤其是科技型中小企業融資難的問題是一個普遍性問題。

1.2.1.1　關於中小企業融資問題的研究綜述

中小企業融資難問題在 20 世紀 30 年代就已經進入人們的視野。各國經濟學家、學者陸續介入，研究如何解決中小企業融資困難的問題，在相關方面做了大量卓有成效的研究工作，取得了豐碩的研究成果。

就目前來看，國內外學者從融資模式、融資風險、銀企關係、金融資源配置、金融供應鏈等方面研究了中小型企業融資困難的主要原因，也從各自研究方向出發提出了相應的對策與解決方法。具體來說，主要包括以下五方面。

一是從融資模式的角度進行研究。Modigliani 和 Miller（1956）的「MM 理論」指出融資結構與模式對企業價值沒有影響。季光偉等（2011）說明了政

府以「船員」行為模式和「船家」行為模式的複合模式直接參與中小企業風險投資既必要亦必需。華志遠（2012）通過 VAM 協議模式分析了中小企業政府扶持類融資存在的不足，提出了利用對賭協議模式解決其政府工作人員尋租和信息不對稱問題。

二是從融資風險的角度進行研究。Stiglitz 和 weiss 等人（1981）提出了信貸風險配給模型，認為信貸市場存在道德風險和逆向選擇。餘文華（2012）、嚴正（2012）等研究了中小企業有效應對金融危機的法律制度和擔保體系，構建了企業應對危機能力的理論模型，闡述了應對危機能力的測度方法。

三是從政府宏觀金融制度與政策層面上進行研究。韓杰（2010）研究了政府政策支持科技型中小企業融資成長的模式。張文娟（2010）提出了政府在科技型中小企業融資過程中扮演搭橋人的角色。肖玉香（2011）認為完善政府金融支持制度是改善科技型中小企業融資困難的重要保障。殷慧琴（2012）認為政府職能部門應該發揮主導作用。韓雯（2012）分析了政府關於進一步促進科技型中小企業發展的各項政策措施。Scellato（2010）調查政府新監管規則對新成長和研發意願的科技型中小型企業的影響。

四是從銀企關係或其他金融機構的角度進行研究。林毅夫等（2001）認為，在間接融資中，大企業在經營活動的透明性、抵押及貸款規模效應等方面具有優勢，大型金融機構更偏好為大企業提供貸款。陳冠宇（2011）探討了如何構建完善的中小銀行金融體系，以更好地滿足中小企業的融資需求。Carey D. 和 Flynn A.（2005）經過調查研究表明：愛爾蘭中小企業依賴於銀行的資金供給。Irwin D.（2010）研究了科技型中小企業獲得銀行持續性增長信貸的各種阻礙因素。黃慧敏（2008）從理論和實踐上研究了風險投資基金。楊棉之（2010）分析了私募股權投資基金在中國的發展現狀和未來趨勢。盧珊（2011）認為促進創業投資機構與科技型中小企業的協同發展有利於實現科技創新。Smolarski J. 探討了股權風險投資資金運作模式。湯蕙（2012）對「新三板」市場給科技型中小企業融資所帶來的利弊進行了研究。

五是從企業技術知識產權微觀層面進行研究。肖俠（2011）認為，實施知識產權質押融資是加快科技型中小企業發展的需要。戴琳（2012）研究了科技型中小企業如何利用知識產權質押進行融資。夏陽（2012）研究了引入 CAPM 模型計算其知識產權投融資過程的風險因素。任培民（2012）對科技型中小企業專利質押融資評價問題進行了深入研究。孫勇（2012）認為要完善知識產權投融資政策。Jahja Hamdani 和 Christina（2012）認為知識與技術推動了科技型中小企業的融資和發展。Daniel Gredel（2012）認為專利技術融資是

科技型中小企業成長中間體。

1.2.1.2 對前人研究的評述

國內外學者對於中小企業融資問題做了一些針對性的研究，成果也較多，但是這些成果具有明顯的缺陷性：一是這些成果大多是理論性的探討和研究，很少能解決中國中小企業資金鏈易斷裂、融資難、融資成本高等關鍵性的問題。二是缺乏可操作模式和流程設計，很少有研究從操作模式和流程設計高度解決中小企業融資難、融資成本高等關鍵性的問題。三是研究往往只是涉及問題的某些方面，缺乏系統性與創新性；或只是從個體的層面對中小企業借貸行為進行研究，未能從關係網絡的相互影響、相互作用的角度進行深入研究。四是國內外學者對於金融資源配置問題一般限於政府、銀行或者金融機構對TMSE的單向運動，而不是金融資源配置的雙向運動——通過雙向配對，把優良的金融資源配置在企業好的項目或者產品上。五是大多通過外部環境的變換、經濟現象描述、法律制度規範來研究，對於參與主體的內在經濟行為根本動力緣由未能做詳盡的研究。

1.2.2 科技型中小企業融資研究述評

改革開放後，中國科技型中小企業（Tech-type Medium and Small Enterprises，簡稱 TSME））發展迅猛。據統計，目前全國已有 1,100 多萬戶中小企業，占全國實有企業總數的 99%以上，提供了 80%的城鄉就業崗位，其中科技型中小企業（TSME）年均增長速度超過 10%。另外，65%以上的發明專利、75%以上的技術創新、85%以上的新產品開發都是中小企業完成的。中國的民營五百強企業中超過 90%是由小微企業成長起來的，這些企業很多是科技附加值較高的企業，它們有的成為地方骨幹企業，有的成為國際知名企業，如華為、吉利、福耀、力帆等。可以說，科技型中小企業是最具活力、最具潛力、最具成長性的創新群體，在創新發展中具有重要的帶動作用。

1.2.2.1 關於科技型中小企業金融資源配置的研究綜述

一是從政府宏觀金融制度與政策層面上研究如何助推科技型中小企業成長。韓杰（2010）研究了政府政策支持科技型中小企業融資成長的模式。張文娟（2010）提出了政府在科技型中小企業融資扮演搭橋人的角色。肖玉香（2011）認為完善政府金融支持制度是改善科技型中小企業融資困難、促進科技型中小企業技術創新的重要保障。殷慧琴（2012）認為政府職能部門應該發揮主導作用，努力破解科技型中小企業融資難問題。韓雯（2012）分析了天津市政府關於進一步促進科技型中小企業發展的各項政策措施。Scellato G. 和

Ughetto E.（2010）調查了政府新監管規則對新成長、有積極研發意願的科技型中小型企業的影響。

二是從銀行和其他金融機構的角度來研究科技型中小企業的融資方法。Carey D. 和 Flynn A.（2005）研究了科技型中小企業如何利用金融機構融資以及對銀行的依賴度。Irwin D. 和 Scott J. M.（2010）通過計量統計的方法研究了科技型中小企業在獲得銀行持續性增長信貸的各種阻礙因素，以及克服這些因素的方法。黃慧敏（2008）從理論和實踐上研究了風險投資基金，以及如何提高科技資源與資金的配置效率，從而促進科技型中小企業發展。楊棉之（2010）分析了私募股權投資基金在中國的發展現狀和未來趨勢，論證了科技型中小企業運用私募股權融資的優勢和可行性。盧珊（2011）認為促進創業投資機構與科技型中小企業的協同發展有利於實現科技創新。Smolarski J. 和 Kut C.（2011）探討了股權風險投資資金運作模式和它如何影響中小企業的性能和國際化。湯蕙（2012）對「新三板」市場給科技型中小企業融資所帶來的利弊進行了研究。

三是從企業技術知識產權微觀層面上研究科技型中小企業融資新思路。肖俠（2011）提出實施知識產權質押融資既是加快科技型中小企業發展的需要，也是建設創新型國家的需要。戴琳（2012）研究了科技型中小企業如何利用知識產權質押進行融資。夏陽（2012）研究了科技型中小企業將受益法知識產權進行估價的主要方法，並引入 CAPM 模型計算其知識產權投融資過程的風險因素。任培民（2012）對科技型中小企業專利質押融資評價問題進行了深入研究，剖析了各指標之間的關係，建立了一套科學的評價體系衡量單項專利的融資價值。孫勇（2012）認為在中小科技型企業的知識產權融資方面，要完善相關知識產權投融資政策，支持知識產權質押，促進知識產權市場應用，推動戰略性新興產業實現知識產權價值。Jahja Hamdani 和 Christina Wirawan（2012）以馬來西亞為例，研究了知識與技術的創新性推動科技型中小企業的融資和發展。Daniel Gredel、Matthias Kramer 和 Boris Bend（2012）認為專利技術融資是科技型中小企業成長的中間體，並深入研究了它們的交互方式及動機。

1.2.2.2 對前人研究的評述

首先，國內外學者雖然對科技型中小企業金融資源配置做了一些針對性的研究，但是它們的研究往往只是涉及問題的某些方面，研究缺乏系統性，很難實現整體系統優化。

其次，國內外學者對於金融資源配置問題一般限於政府、銀行或者金融機

構對科技型中小企業的單向運動,而不是金融資源配置的雙向運動——雙向配對可以把優良的金融資源配置在企業好的項目或者產品上。

最後,國內外學者的研究思維受到前人研究的束縛,沒有擺脫傳統的研究範式,對於科技型中小企業金融資源優化配置問題,他們一般從靜態融資模式和技巧方面展開研究,沒有融合動態的企業生命週期與產品技術生命週期。

本研究著力於克服前人研究中的片面性和靜態性,運用動態系統論的觀點,把金融資源配對與生命週期相結合,以開創一個新的研究視角。

1.2.3　中小企業供應鏈金融的研究綜述

1.2.3.1　國內外學者對中小企業供應鏈金融的研究綜述

(1) 發展供應鏈金融必要性的研究。歐洲貨幣將供應鏈金融描述為「近年來商業銀行交易性業務中最熱門的話題」,同時 Springer 供應鏈雜誌調查顯示,採用供應鏈金融方案能為買方平均降低 13%的營運成本,能為供應商平均降低 14%的營運成本。Hofman(2005)認為供應鏈金融可以引導控制企業的資金流,是實現供應鏈價值增值的一種方法。William Atkinson(2008)指出供應鏈金融可以加速資金流動,降低融資成本。徐曉萍、李猛(2009)認為供應鏈金融可以緩解中小企業的資金約束,具有良好的發展前景。在前人研究基礎上,張偉斌、劉可(2012)強調供應鏈金融可以降低融資約束,中國有必要發展供應鏈金融。劉可、繆宏偉(2013)等也認為中小企業融資資金需求旺盛,提出積極開展供應鏈金融的必要性。

(2) 供應鏈金融模式的研究。Eric Fenmore(2004)認為供應鏈企業可以利用貿易訂單進行融資。Leora Mapper(2005)提出了利用供應鏈存貨融資的模式。陳祥錚、石代倫、朱道立等(2005)歸納出「縱向融通倉」「橫向融通倉」「星狀融通倉」和「網絡融通倉」四種供應鏈金融融資模式。Albert 和 Raymand(2009)在通過分析供應鏈金融內外部環境,提出供應鏈金融的三種基本模式。趙亞娟、楊喜孫、劉心報等(2009)在前人的研究基礎之上,提出中小企業利用供應鏈上的核心企業進行「1+N」融資模式。餘劍梅(2011)和黃祥正(2013)在「1+N」的供應鏈金融思維下,進一步研究了針對中小企業供應鏈金融常見的四種模式:預付款融資模式、應收帳款融資模式、融通倉融資模式、保兌倉融資模式等。

(3) 供應鏈金融風險評價的研究。張德棟、張強(2004),蔡笑騰、苑清明(2005),康書生、鮑靜海等(2007),張浩(2008),熊熊、馬佳等(2009),吉迎東、楊曉杰(2011),李毅學(2011),陳長彬、盛鑫(2013)

等在分析和研究供應鏈金融業務內容與流程基礎上，構建了各自的供應鏈金融風險指標體系。在風險指標體系基礎之上，一些學者分別提出了自己的供應鏈金融風險評估模型，比如張浩（2008），汪守國、徐莉等（2009）基於層次分析法（AHP）構建了一個基於供應鏈金融的中小企業信用因素權重評價模型。熊熊、馬佳等（2009）在前人基礎上提出了供應鏈金融模式下的風險因素主成分分析（PCA）與風險因素權重Logistic迴歸分析兩者結合的信用風險評價方法。王琪等（2010）建立了基於決策樹（DMT）的供應鏈金融模式信用風險評估模型。

（4）供應鏈金融風險控制方法的研究。一是傳統的風控方法。楊晏忠（2007），田雷、劉文笑（2011）等在對商業銀行供應鏈金融面臨的風險和表現形式進行分析的基礎上，提出了一些防範中小企業供應鏈金融風險控制的傳統方法及應對措施。二是信息共享的風控方法。Brass R.（2009）等提出商業銀行利用供應鏈上下游企業信息共享機制可以降低金融機構與企業的融資風險。Chang Hwan Lee，Byong-Duk Rhee（2011）等證明了通過企業間的協調以及商業信用的建立中小企業供應鏈金融的風險控制效果優於金融機構面向單個企業的金融風險控制效果。三是應急的風控方法。周純敏（2009），仇瑄、李海鵬等（2011）則認為要實現中小企業供應鏈金融的信用風險最小化的目標，需要建立應急處理機制，加強現金流控制和結構授信安排，跟蹤評價核心企業的經營情況。

國內外學者對於中小企業供應鏈金融的研究成果不少，取得了許多令學界矚目的理論成果。但是這些研究具有一些瑕疵：

一是很少有學者將供應鏈金融與互聯網信息技術二者有機地聯繫起來。互聯網技術已經逐步滲透到人們生活的各個方面，供應鏈金融利用互聯網技術可以將相關企業的物流操作平臺、支付與結算操作平臺、企業的供應與採購訂貨系統等整合起來，實現企業信息的對稱化與共享化。

二是缺少互聯網金融產品與供應鏈金融產品對接的研究。目前國內外學者基本可分為互聯網金融學派與供應鏈金融學派，這兩大學派各自為政，幾乎沒有學者將二者串聯起來研究。互聯網金融產品主要包括互聯網理財、眾籌、第三方支付平臺、P&P等，這些金融產品一般是以關注互聯網金融機構的籌融資業務為主，資金投向往往是供應鏈金融業務的比較優勢，所以互聯網金融投資業務需要與供應鏈金融產品對接，從而降低互聯網金融機構的投資風險與投資成本、提高投資效率與投資收益。

三是在評價線上供應鏈金融風險的時候，很少有學者將上市公司中小企業

風險評估與非上市公司的風險評估進行區分。上市公司的中小企業信息披露較為充分，金融機構相對容易獲得相關風險指標計量及其變動情況。對於非上市公司來說，則需要信息提交、信息挖掘技術來獲取其相關風險信息，所以兩類不同企業的風險評估方法存在很大的差異。

四是研究成果的體系缺乏系統性。傳統的研究方法往往是對於單個企業的資信狀況以及風險波動進行研究，試圖通過某一方面研究來解決「麥克米倫缺口」問題。但是互聯網技術將不同企業聯接起來，構成了統一的有機整體，所以金融機構需要用系統論的觀點來分析研究中小企業供應鏈金融。

1. 學者對於供應鏈金融之保兌倉的研究

（1）保兌倉的實現意義與操作模式的研究。白少布、劉洪（2009）指出如果保兌倉業務的參與人要實現共贏，企業的信用水準和參與人的努力程度不可或缺。甄瑩、蘆瑋（2009）說明了鋼鐵企業保兌倉業務如何實現的問題。史麗媛、葉蜀君（2010）研究了物流企業運用倉單質押和保兌倉模式實現增值的過程。通過倉單質押模式和保兌倉模式，分析了第三方物流企業、銀行、融資企業如何在實際運作過程中實現自身的增值。房豔蕾、張義剛（2010）指出中小企業開展保兌倉業務的意義。王超（2011）從保兌倉的角度研究了供應鏈金融模式的運作機理、供應鏈整體的收益以及銀行的運作決策，並從不同參與主體的角度分析了發展供應鏈金融的意義。鐘佳萌（2012）建立零售商在約束條件下報童模型來預測未來最佳訂貨量。林強、李曉徵、師杰（2014）通過對保兌倉業務各參與人的博弈分析，認為集中決策以及數量折扣能改善供應鏈金融參與人的收益值。

（2）保兌倉的風險評估與控制角度的研究。王珍（2009）以太原鋼鐵為例，說明了保兌倉業務如何控制其業務風險。郭勝聖（2011）以供應鏈金融的保兌倉業務為研究對象，在報童模型的基礎上，構建了保兌倉業務的運作模型，認為供應鏈金融的保兌倉能夠降低企業融資風險。杜永斌（2011）總結了中國健全商業銀行保兌倉業務風險控制內容體系的具體要求，並對商業銀行保兌倉業務風險控制內容體系進行了實證分析。王儒泉（2013）從實際問題出發，以銀行的角度，針對每個具體問題分別提出了具有實操性的風險控制對策，如加強准入、動態監控、信用增級、完善條款、帳戶監管、設定退出策略等。任慧軍、李智慧、方毅（2013）對保兌倉業務的存在風險各個環節進行分析，並提出了防範風險的一些措施和建議。顏明、王軍、張繼霞、李娟（2013）採用 VAR 模型對保兌倉的回購數量、保證金數量與業務風險三者之間關係進行了研究。吳澤瑩（2014）選取保兌倉業務作為研究對象，從收益共

享契約、回購擔保和信用風險評價等方面進行了研究。

2. 學者對於供應鏈之融通倉的研究

（1）對融通倉模式與功能的研究。羅齊、朱道立、陳伯銘（2002），鄭紹慶（2004），李靜、雷楊（2004），張餘華（2005）認為通過第三方物流企業，將中小融資企業與商業銀行信貸有機地聯繫起來，並研究了金融機構授信第三方物流企業和信用擔保兩種模式。陳祥鋒、石代倫、朱道立、鐘頡（2005）研究了融通倉的概念、由來、特徵，融通倉的系統結構，融通倉的運作模式，融通倉在貿易中的實踐運用，融通倉與供應鏈金融。徐鵬、王勇、何定（2012）博弈論研究了融通倉第三方物流與第四方物流的參與主體努力或不努力情況下對系統效率的貢獻值區別，並可能出現參與人良性循環。

（2）對融通倉的各種評價方法的研究。何勇（2008）構建融通倉的指標體系：質物風險、監管風險、信用風險、技術風險、法律風險。何娟、馬中華（2008）在前人研究的基礎上，把消費型的企業融通倉風險因素分為五類，通過驗證性因子分析，構建企業融通倉評價模型，通過數據模擬進行運行仿真預警與控制。何娟、沈迎紅、李麗（2010）綜合運用 AHP 和線性規劃法構建選擇優化模型，研究了第三方物流在控制風險的基礎上，在融通倉信貸資金有限、庫容有限的約束下，如何選擇中小企業，使其所獲總效用最大。肖美丹、樊為剛、尚志強（2011）把專家打分權重與信息熵權兩種方法結合起來，確定融通倉風險指標的權重，融合主客觀權重計算方法的特徵。董勁（2016）根據農產品相對於工業品的不同特點，研究了農業融通倉的風險指標確定以及風險評價方法。

3. 學者對於供應鏈之應收帳款的研究

（1）對供應鏈應收帳款融資模式及其優缺點的研究。魯其輝、曾利飛、周偉華（2012），楊玉娟（2015）建立了上游企業、核心企業、下游企業的應收帳款模型，通過數值仿真發現，供應鏈的中小企業有時會出現斷鏈的情形，但通過應收帳款，可以將斷鏈的企業連結起來，並提高整個供應鏈的產出和收益，商業銀行收益隨供應鏈企業的實力而波動。李占雷、孫悅（2014），李東東、黃平（2014），黃海洋、葉春明（2014）通過建立斯塔伯格博弈模型和其他博弈模型，研究供應鏈應收帳款融資模式的影響因素以及商業銀行與企業的博弈收益，認為應收帳款融資模式可以提高供應鏈系統的穩定性，實現博弈參與人的帕累托最優結果。

（2）對供應鏈應收帳款融資風險信號評價甄別以及風險決策的研究。郭迎（2013），劉洋、李長福（2016）研究了供應鏈應收帳款的積極以及消極影

響，認為供應鏈應收帳款具有的高質量、低風險、易變現、高流動性等積極清單，但同時過多的應收帳款可能導致負面效應。通過信號傳遞與逆向選擇博弈模型，建立信號甄別模型以及其不同合約設計方法，在此基礎上給出商業銀行防範供應鏈應收帳款風險策略。謝江林、涂國平、何宜慶（2015）也通過信號傳遞博弈模型來區分不同的企業，以及向商業銀行不同的申貸策略。劉莉、孫芳（2015）構建供應鏈金融應收帳款風險評價指標體系，使用 Super Decisions 軟件計算得出各指標 ANP 權重，然後利用灰色綜合評價方法計算供應鏈金融風險的大小。孫啓慧（2015）也提出了一系列的供應鏈金融應收帳款風險防範的方法。占濟舟、張福利、趙佳賣（2014）通過對比研究應收帳款融資與商業信用融資獨立決策與聯合決策的兩種模式，分析了兩種模式的供應鏈產出以及利潤的變化情況和決策模式的選取，同時給出製造企業願意接受應收帳款融資模式的先決條件。

1.2.3.2　對前人研究的評述

國外有不少學者研究中小企業線上供應鏈金融，他們主要是基於互聯網創新的角度對線上供應鏈金融融資成本與新技術挑戰的研究。朱道立、陳伯銘、羅齊三位學者首先提出這一概念。「保兌倉」「融通倉」「應收帳款融資」是中國商業銀行為線上供應鏈中小企業設計的創新型金融產品，國外學者並不十分瞭解「保兌倉」「融通倉」「應收帳款融資」的運作流程與運作模式。中國學者對「保兌倉」「融通倉」「應收帳款融資」的研究成果比較豐富，但是這些研究主要是從定性的角度進行描述，並沒有從定量的角度去探究它們背後運行的機理，也很少有學者運用定量的手段去評價和控制「保兌倉」「融通倉」「應收帳款融資」連續動態風險。本書在前人的研究成果基礎上，創新性地運用演化博弈推演均衡解以及解的穩定性，同時利用社會網絡關係模型和主觀貝葉斯風險概率測算研究「保兌倉」「融通倉」「應收帳款融資」產品的風險動態評估及實現風險動態控制。

2 中小企業「互聯網+供應鏈金融」風險相關理論綜述

2.1 所涉概念的定義與分析

2.1.1 中小企業的定義

2.1.1.1 北美對中小企業的定義
1. 美國

美國對中小企業的定義，是根據北美產業分類體系（NAICS）進行分類定義。NAICS 系統是對美國、加拿大和墨西哥的發展、規範和促進統計數據的收集和分析。

美國小企業管理局（SBA）提供了一個與之相匹配的 NAICS 中小企業規模標準。如果是一個小企業，有資格申請政府合同和有針對性的資金，但企業必須有規定範圍內的員工數量或營業收入。

例如，美國製造業的中小企業被定義為擁有 500 名員工或更少；而美國批發行業的中小企業，通常是 100 名員工或更少。

2. 加拿大

加拿大工業的中小企業指的是少於 500 名員工的企業，而多於 500 名員工的企業則是大企業。

加拿大界定了企業規模的標準，小企業是指員工人數少於 100 名（如果企業是商品生產商）或少於 50 名（如果企業是服務型企業）的企業。擁有比小企業更多員工，但少於 500 名員工的公司被列為中型企業。微型企業是指雇員少於 5 人的企業。

2.1.1.2 歐盟對中小企業的定義

歐盟中小企業分級表見表2.1。確定企業是不是中小企業的主要因素有：員工人數和企業營業額或資產負債總額。

表2.1　　　　　　　　　　歐盟中小企業分級表

Company category	Staff headcount	Turnover	or	Balance sheet total
Medium-sized	< 250	≤ € 50 m		≤ € 43 m
Small	< 50	≤ € 10 m		≤ € 10 m
Micro	< 10	≤ € 2 m		≤ € 2 m

這些上限適用於獨立公司的數字。如果是集團公司，則需要包括總公司員工人數、營業額、資產負債表數據。

2.1.1.3 亞洲對中小企業的定義

（1）中國

目前中國中小企業可劃為三種：中型企業、小型企業、微型企業。不同行業的同類型企業對應不同的從業人數、營業收入或者資產總額劃分標準，共有16個行業大類（如表2.2所示），18個總標準，48個中、小、微企業對應細分標準。

表2.2　　　　　　　　　　中國中小企業分類標準

行業	中小微型企業標準
農、林、牧、漁業	營業收入在20,000萬元以下的為中小微型企業
工業	從業人員在1,000人以下或營業收入在40,000萬元以下的為中小微型企業
建築業	營業收入在80,000萬元以下或資產總額在80,000萬元以下的為中小微型企業
批發業	從業人員在200人以下或營業收入在40,000萬元以下的為中小微型企業
零售業	從業人員在300人以下或營業收入在20,000萬元以下的為中小微型企業
交通運輸業	從業人員在1,000人以下或營業收入在30,000萬元以下的為中小微型企業
倉儲業	從業人員在200人以下或營業收入在30,000萬元以下的為中小微型企業

表2.2(續)

行業	中小微型企業標準
郵政業	從業人員在1,000人以下或營業收入在30,000萬元以下的為中小微型企業
住宿業	從業人員在300人以下或營業收入在10,000萬元以下的為中小微型企業
餐飲業	從業人員在300人以下或營業收入在10,000萬元以下的為中小微型企業
信息傳輸業	從業人員在2,000人以下或營業收入在100,000萬元以下的為中小微型企業
軟件和信息技術服務業	從業人員在300人以下或營業收入在10,000萬元以下的為中小微型企業
房地產開發經營	營業收入在200,000萬元以下或資產總額在10,000萬元以下的為中小微型企業
物業管理	從業人員在1,000人以下或營業收入在5,000萬元以下的為中小微型企業
租賃和商務服務業	從業人員在300人以下或資產總額在120,000萬元以下的為中小微型企業
其他未列明行業	從業人員在300人以下的為中小微型企業

資料來源：深圳中小企業服務署，http://www.szsmb.gov.cn/content.asp?id=53317

（2）日本

根據日本的《中小企業基本法》（1999修訂），劃分中小企業的標準為：資本數額或雇員人數（如表2.3所示）。

表2.3　　　　　　　　日本中小企業分類標準

	Manufacturing and Others	Wholesale	Retail	Service
Capital	300 million yen or less	100 million yen or less	50 million yen or less	50 million yen or less
Number of Employees	300 or less	100 or less	50 or less	100 or less

小規模企業的定義：中小企業中規模較小的企業被定義為小型企業，標準如表2.4所示。

表 2.4　　　　　　　　　　小規模企業的定義

	Manufacturing and Others	Commerce and Services
Number of Employees	20 employees or less	5 employees or less

（3）韓國

韓國 1966 年制定並頒布《中小型企業法》，在這一立法中定義了中小企業的標準。在制定之後，中小企業的劃分標準進行了 10 次修訂。目前的標準是：在製造業內，不超過 300 名員工的公司，或資本價值在 80 億韓元以下的公司被認為是中小企業（如表 2.5 所示）。

表 2.5　　　　　　　　　韓國中小企業的定義

Korea			
Types of SMEs	Small commercial and industrial firm	Small firm	Medium firm
mining	Less than 10 employees	Less than 50 employees	50 to 299 employees
manufacturing			
transport			
construction			
Utilites（electricity，gas，water）	Less than 5 employees	Less than 10 employees	10 to 299 employees
Retail，wholesale，other service			10 to 299 11 employees

（4）印度

印度中小企業標準按行業劃分，大體可以分為製造業與服務業兩種。對於工廠及其設備製造業來說，中小微型企業一般是指投資在 0.5 億~1 億盧比或者 6.25 萬~250 萬美元的企業（如表 2.6 所示）。

表 2.6　　　　　　　　　印度中小企業定義

Manufacturing Enterprises – Investment in Plant & Machinery		
Description	INR	USD（$）
Micro Enterprises	up to Rs. 25 Lakh	up to $62,500
Small Enterprises	above Rs. 25 Lakh & up to Rs. 5 Crore	above $62,500 & up to $1.25 million
Medium Enterprises	above Rs. 5 Crore & up to Rs. 10 Crore	above $1.25 million & up to $2.5 million

印度服務業微型企業一般是指投資少於 100 萬盧比或者 2,500 美元的企業，小型服務性企業是指投資介於 100 萬~2,000 萬盧比的企業，中型企業一般是指投資介於 2,000 萬~5,000 萬盧比或者 50 萬~150 萬美元的企業（如表 2.7 所示）。

表 2.7　　　　　　　　印度微型企業定義

Service Enterprises – Investment in Equipments		
Description	INR	USD（$）
Micro Enterprises	up to Rs. 10Lakh	up to $25,000
Small Enterprises	above Rs. 10 Lakh & up to Rs. 2 Crore	above $25,000 & up to $0.5 million
Medium Enterprises	above Rs. 2 Crore & up to Rs. 5 Crore	above $0.5 million & up to $1.5 million

2.1.1.4　南美、非洲

在一些南美與非洲國家，比如智利和南非共和國，對於中小企業的劃分標準各不相同（如表 2.8 所示）。在智利，根據企業銷售收入進行劃分，年銷售收入少於 280 萬美元的企業被劃定為中小企業。在南非，可以根據企業的員工人數、營業收入或者淨資產價值來劃分，一般員工人數少於 200 人或者營業收入少於 900 萬美元或者淨資產總額少於 330 萬美元的企業都可以劃分為中小企業。

表 2.8　　　　　智利和南非中小企業劃分標準對比

Category	Chile		South Africa	
	Annual sales in UF / currency（USD equivalent）	Employee	Turnover：R million（USD equivalent）	Gross asset value：R million（USD equivalent）
Micro	0~2,400（0~70,000）	Up to 5	0~0.2（0~30,000）	0~0.1（0~15,000）
Very small	N/A	Up to 20	Up to 6（Up to 0.9m）	Up to 2（Up to 0.3m）
Small	2,400~2,500（70,000~75,000）	Up to 50	Up to 32（Up to 4.5m）	Up to 6（Up to 0.9m）
Medium	25,000~100,000（700,000~2,800,000）	Up to 200	5~64（Up to 9m）	5~23（Up to 3.3m）

2.1.2 供應鏈與供應鏈金融的定義

2.1.2.1 供應鏈的定義

（1）供應鏈專業委員會（Council of Supply Chain Management Professionals，簡稱 CSCMP）給出的定義

供應鏈管理包含所有涉及採購、轉換的規劃和管理以及所有的物流管理。重要的是，它還包括與渠道合作夥伴（供應商、仲介機構、第三方服務供應商、客戶）的協調和合作。從本質上說，供應鏈管理集成了供應和需求管理的公司內部和跨公司合作。供應鏈管理有一個整合的功能，主要負責連接主要業務功能和業務流程，並在公司之間形成凝聚力和高性能的商業模式。它包括上面提到的所有管理活動以及製造業務，並通過市場行銷、銷售、產品設計、財務和信息技術推動協調過程。

（2）全球供應鏈論壇（Global Supply Chain Forum，簡稱 GSCF）給出的定義

全球供應鏈論壇推出了一個供應鏈模型。這個模型包括具有跨職能和跨企業性質的八個關鍵業務。每個業務由一個跨職能的團隊管理，如物流、生產、採購、財務、市場行銷、研發等團隊。這些團隊在客戶關係管理和供應商關係管理的過程中會形成關鍵聯繫。

2.1.2.2 供應鏈金融的定義

（1）投資百科全書給出的定義

供應鏈金融是一種以計算機信息技術為基礎，連結各方（買方、賣方和金融機構）商品流以及資金流的融資模式，它可以降低融資成本、提高業務效率。供應鏈金融可以利用短期銀行信用優化買賣雙方的資金流狀況。供應鏈金融通常需要通過技術平臺來實現自動化交易和跟蹤發票驗收結算從開始到完成的過程。供應鏈金融日益普及很大程度上是受到了全球化供應鏈以及工業複雜性的驅動。

（2）金融時報給出的定義

在供應鏈金融模式下，供應商貼現可以向銀行出售買方承兌票據。供應鏈金融可以使得賣家提前獲得貨款而買家延後支付貨款。供應鏈金融依賴的是銀行信用而不是交易方的商業信用。很顯然，銀行信用風險更低。許多供應鏈專家和經營者將供應鏈金融視為緩解供應商資金問題的有效方法。雖然它實際上指的是幾種不同的解決方案，但其中最基本的功能是使得供應商和購買商提高它們的資金營運效率。現在供應鏈金融被廣泛運用，如桑斯博里、雀巢、先正

達、麥德龍和沃爾沃都實施了供應鏈金融管理。

（3）英國政府網給出的定義

供應鏈金融是大型公司幫助其供應鏈獲得信貸的一種創新方式，它可以用較低的成本改善現金流。英國勞斯萊斯汽車公司和沃達豐公司已經成功實施供應鏈金融。在供應鏈金融操作中，一旦商業銀行獲得大企業承兌通知後，那麼該銀行能夠以較低的利率將全額貨款預付給供應商，而承兌票據將來最終由大型公司兌付。

2.1.3 「互聯網+」的含義

2.1.3.1 「互聯網+」的定義

「互聯網+」指的是互聯網等信息技術在傳統產業中的應用。在中國，互聯網與移動互聯網、雲計算、大數據、物聯網等其他領域結合而產生新的工業或者商業模式。

2.1.3.2 「互聯網+」的實際應用領域

（1）「互聯網+製造業」

「互聯網+製造業」意味著傳統的製造業企業可以通過信息和通信技術來改革現有的生產方式。在移動互聯網技術的幫助下，傳統廠商可以在汽車、家用電器、配件等工業產品上安裝硬件和軟件，實現遠程控制、自動數據採集和分析等功能。

（2）「互聯網+金融」

「互聯網+金融」指金融行業可以將互聯網技術應用於服務供給和產品銷售。例如，客戶可以通過互聯網向另一方還款或匯款。中國互聯網用戶數量已有約6.49億，而且網上交易超過13萬億元。但這項新技術在金融業也有潛在風險，主要存在於個人信息安全方面，比如，個人的相關信息可能有更高的曝光度。

（3）「互聯網+醫療」

「互聯網+醫療」有望緩解中國公共醫療存在的問題。具體來說，「互聯網+醫療」將提供一站式的健康管理服務，優化傳統醫療模式。有了「互聯網+醫療」，患者可以通過移動端搜索自己的健康數據。

（4）「互聯網+農業」

「互聯網+農業」使農民有可能準確地獲得氣候、土地和其他農業用途的大數據。此外，農民可以利用互聯網獲取關於價格和生產需求的最新信息。

2.1.3.3 影響與展望

除了能將中國升級為「強大的工業國」，「互聯網+」最重要的目的是產生

新的經濟形式，為公眾進行創新或自主創業創造良好的環境。此外，「互聯網+」對適應信息經濟、重建創新體系、培育新興產業和改進公共服務質量等有著深遠的影響。

2.1.4 相關研究方法與模型

2.1.4.1 企業信用風險理論

信用是聯繫社會關係的紐帶。自從人類出現，在原始部落與族群中便有了信用，人不能離開信用而獨自生存。但是人類社會對信用的理解和信用風險管理卻相對較晚形成，特別是現代經濟社會的主體——企業的信用與信用風險管理更是不完全成熟。因而，在全球經濟政治一體化背景下以及現代通信技術環境中，如何理解企業信用的本質以及如何進行企業信用風險評估與決策，是我們需要解決的重要問題。

（1）信用的內涵

信用是一個較為古老的詞彙。在不同的歷史時期，人們對信用的定義有所差異。遠在春秋戰國時期，儒家思想中的「仁、義、理、智、信」把信跟其他四種品德作為君子為人處世、與人交往的基本要素。西方最早可能來源於古羅馬法中的「Fides」。Fides 的意思是「相信他人會給自己以保護或某種保障，它既可以涉及從屬關係，也可以涉及平等關係」。英文中的信用「Credit」把信用解釋為「指一方（債權人或貸款人）供應貨幣、商品、服務或有價證券，而另一方（債務人或借款人）在承諾的未來時間裡償還的交易行為」。《牛津法律大辭典》將信用（Credit）解釋為「為得到或提供貨物或服務後並不立即而是允諾在將來付給報酬的做法」或者是「一方是否通過信貸與另一方做交易，取決於他對債務人的特點、償還能力和提供的擔保的估計」。《布萊克法律辭典》把信用解釋為「信用就是誠實、守約以及因此而能夠獲得他人的信任，其核心涵義是一個人具有代理人品格中所包含或要求的關於信任、信賴和謹慎、善意、坦誠的品格」。姚益龍（2004）認為信用一詞起源於拉丁語「Credere」，意為信任，但隨著歷史進程的發展，信用被推廣到了許多領域，如企業信用涵蓋了企業的購買、生產、銷售等環節。在漢語文獻中對信用也有類似的解釋，中國出版的《辭海》把「信用」解釋為「信任使用」，或者「遵守諾言，實踐成約，從而取得別人對它的信任」，或者「價值運動的特殊形式」。可以看出，信用從人們的倫理道德觀念領域延伸到政治、經濟、文化、社會的各個方面，尤其是經濟活動領域，人們的交易行為的基礎就是信用。信用經濟孕育著經濟行為的發生和經濟行為的結果。

（2）企業信用的分類、構成、特性

企業信用的分類：一是按照企業信用的主體分為國有企業信用、民營企業信用等；二是按照企業信用的客體分為商品信用、勞務信用、貨幣信用；三是按照企業信用的載體分為口頭信用和合同信用；四是按照企業信用有無擔保分為企業擔保信用和企業非擔保信用；五是按照企業信用用途分為企業生產信用、流通信用、消費信用、信貸信用等；六是按照企業信用當事人信息掌握程度分為對稱信息企業信用和非對稱信息企業信用；七是按照作用時間的長短分為企業長期信用和企業短期信用；八是按照企業信用發生地域的差異分為國際間企業信用和國內企業信用。

企業信用的構成一般包括企業信用的主體、客體、載體、內容、方式等。企業信用的主體是指信用行為關係的涉及方，它一般是指具有獨立民事能力的個體或者法人。企業信用的客體是指信用行為的對象，如商品、貨物、勞務等。企業信用的載體是指信用行為履行保證的承載體，它可以是一種口頭承諾或者是一種書面的要約。前者依靠人們在長期的交往過程中形成的一種價值準則或者道德規範予以實現，後者則是通過法律、法規、準則等來保證其實現。企業信用的內容是指依附於信用載體上的語言、具體條款和釋義，交易的當事人通過信用的內容來明確規範他們的權利與義務。企業信用的方式是信用當事人信用交易的外在表現形式，如企業股票、企業債券、企業信託、企業借款、企業賒銷、企業擔保、企業抵押等，不同的企業信用方式包括了不同的企業信用內容。

企業信用具有契約性，即信用關係的當事人在各方共同同意的基礎上達成有形的契約（書面協議或者合同）或者無形的契約（口頭的承諾），來保證各方未來權利與義務的履行和實現。在主觀上，契約的各當事人同意並且願意遵守信用承諾和履行信用義務；在客觀上，契約的當事人應具有履行信用義務的能力。企業信用具有風險性和收益性，因為企業信用是對未來行為的預期保證，而未來事物的發生具有不確定性。同時，對企業信用的約束性法律、道德規範也具有一定的時間性和地域性，隨著時間的推移和地域的改變而可能發生變化。企業信用的風險與收益是兩個緊密聯繫的概念，有風險一般就有收益，這種收益可能為正值也可能為負值。在企業信用的收益中，一般分為企業信用經濟收益和道德收益。我們也可以把企業信用經濟收益稱為企業信用的物性，即它體現了物質上的收益；而把企業信用道德收益稱為企業信用的心性，即它體現了人們對企業的道德評價，即企業的精神性收益。對二者的追求構成了企業信用的期望價值目標。

（3）企業信用的起源及其風險衍生

從人類史的角度來看，企業信用是人類社會發展到一定階段的產物，它是現代市場經濟中經濟行為的約束條件和準則。按照馬克思在《資本論》中所描述的經濟活動行為：在原始社會末期由於剩餘產品的出現，人們開始進行「物—物」交換以滿足不同的需求。而為了交易的方便和可操作性，則出現了一般等價物，「物—物」交換則變成了「物——一般等價物—物」交換。天生適合作為一般等價物的金銀的出現則為人們更加順利地、快捷地進行交換提供了更好的媒介。紙幣代替金銀等貴金屬則是人類一種天才式的發明。在這些發展過程中，由於交易媒介的變化，人們對交易信用的要求趨向於複雜化和高級化，形成了原始信用—初級信用—企業信用（硬信用、軟信用）的發展歷程。特別是信息時代到來後，企業電子交易和企業電子兌付的虛擬化使得人們對交易信用提出了更高的要求，並且出現了從事企業信用評估的組織機構。

許多學者認為信用起源於公元前1800年的古巴比倫，是隨著個人、群體、部落等之間的借貸關係的產生而出現。由於西方發達資本主義國家實行市場經濟運作體制的時間較早，這些國家有相對成熟的微觀信用及信用風險管理體系，包括宗教的、法律的、道德的支撐體系，所以西方發達國家對於信用及信用風險的研究更側重於宏觀方面。從宏觀經濟層面上研究信用與信用風險防範的人物及機構較多，包括西方國家的政府機構、金融機構、評級機構、經濟學家、管理學家等。

一些西方古典經濟學家把對企業信用的研究與商品貨幣的循環，以及企業和個人的道德行為、道德觀念結合起來。馬克思認為企業信用是借貸關係中的一種信任。他認為，企業信用是一種特殊的價值運動形式，這個運動是以償還為條件的付出，一般來說就是貸和借的運動，即貨幣或商品只是有條件地讓渡這種獨特形式的運動。馬歇爾（1924）在《貨幣、信用與商業》中闡明了企業信用的發展歷史、原因、對商業發展的作用，以及國際貿易、國內貿易等因素對企業信用的影響。英國著名經濟學家尼古拉·巴爾本認為在商業社會中人們可以像貨幣一樣憑藉企業信用購買商品，到期後才返還款項，企業信用的價值來源於人們對對方的評價。亞當·斯密在《道德情操論》中指出：「與其說收益、仁慈是社會存在的基礎，還不如說信用、誠信、正義是這種基礎。」

一些企業信用創造論的西方學者認為企業信用可以創造財富、繁榮經濟，促進社會的快速進步。約翰·勞（John Law）認為貨幣代表一個國家的財富，貨幣增加可以增加就業，從而增加一國財富，而企業信用可以創造出貨幣，故企業信用的增加可以增加一國財富。麥克魯德（Henry Dunning Macleod）在

《信用的理論》（*The Theory of Credit*）一書中解釋了銀行不只是發行貨幣和從事貨幣借貸行為的機構，而且是企業信用的創造者和生產商。亨利・桑頓（Henry Thomton）在《大不列顛票據信用的性質和作用的探討》一書中論述了企業信用與經濟增長之間的關係以及企業信用與經濟危機之間的關係。他認為擴張企業信用能促進經濟增長，緊縮信用會導致經濟萎縮，但是過分的擴張信用就會帶來經濟危機。他的企業信用理論直到現在仍然為許多人所推崇。約瑟夫・熊彼特（Joseph Alois Schumpeter）的企業家理論提出了信用制度是企業實現創新的經濟保證：銀行通過信用制度提供信用貸款，企業家通過信用制度獲得信用資源，從而實現新的組合，把各種生產要素和各種資源引向創新用途。

　　一些企業信用調節論的西方學者認為企業信用制度可以防止金融危機的出現，可以調節市場經濟環境下的各種矛盾，社會需要擴大信用體系範圍，促進經濟增長。英國著名金融學家霍曲萊（R. G. Hawtrey）認為，短期利率調整可以控制現金餘額的變動，現金餘額的變動可以引起信用的擴張與收縮，企業信用的擴張和收縮則會引起經濟週期的變化。約翰・梅納德・凱恩斯（John Maynard Keynes）認為引起經濟衰退的主要原因是有效需求不足，邊際消費遞減、資本邊際效率遞減、流動性偏好陷阱、貨幣供應不足等引起消費需求不足和投資需求不足。凱恩斯進一步提出了「廉價的貨幣政策」——擴大企業信貸、增加貨幣供給、降低銀行利率，從而擴大社會總需求，促進經濟的繁榮。約翰・希克斯（John Richard Hicks）在《經濟史理論》中描述了市場法律、法規和信用制度的出現和發展，他把企業信用分為商業信用和金融信用兩種，企業商業信用產生於實物的委託銷售中，而企業金融信用產生於貨幣的借貸行為中，風險越大則利率越高。保證企業的信用制度正常運轉的方法有法院的司法判決制度、信用擔保制度。銀行就是信用擔保制度中的核心運作機構，通過信用吸收或者發放貸款。信用擔保制度後期還衍生出保險業、債券市場、有限責任公司等現代經濟環境中的各種單位元素。保羅・薩繆爾森（Paul A. Samuelson）認為中央銀行的信貸貨幣政策對整個宏觀經濟的調節起著十分重要的作用，並構建了信貸機制運行的時效模型：中央銀行⟷商業銀行⟷資本市場（企業）⟷投資市場（企業）⟷消費市場（企業）。信用關係是每一個環節順利運行的保障。

　　隨著新科學、新技術、新產品的出現，特別是以計算機科學為代表的現代信息技術發展成熟，一些西方學者把企業信用系統與企業金融系統、企業信息技術系統、企業運作系統等結合起來構成一個複雜系統，並對其進行研究。

Anthony（1990）把企業信用分為前現代企業信用機制和現代企業信用機制。他運用歷史的分析方法認為，前現代企業信用機制建立在血緣關係和社會關係的基礎之上，而現代企業信用機制是建立在現代企業金融系統以及技術系統基礎之上。Arrow（1999）認為企業信用是企業內部和企業之間進行經濟活動的潤滑劑，企業的任何經濟行為都離不開信用元素的參與。信用既對企業的各方面運作起著至關重要的作用，也是企業之間合作的基礎。

隨著全球經濟一體化的進程加快，企業信用風險成為全球關注的焦點，比如，20世紀90年代年世界聞名的金融企業——巴林銀行因信用風險而倒閉，美國的長期資本公司因信用風險而破產，21世紀初安然會計醜聞事件是信用風險所致，2008年爆發的全球金融危機的導火線也是因企業信用風險的連環效應所產生的。這一現象說明西方國家的宏觀和微觀信用機制都存在著明顯的優缺點。國內外學者對企業信用風險的研究也很多。

（4）企業信用風險的模型

國內外學者對企業風險的理解多種多樣，對企業風險下的定義也不完全相同。對風險較為權威的定義者是1990年諾貝爾獎得主H. Markowitz。他在兩篇論文——《證券的選擇》（*Portfolio selection*，1952）、《證券的選擇：有效的多樣化投資》（*Portfolio Selection: Efficient Diversification of Investments*，1959）中，採用了基本的數學模型定義風險，他用函數表達式把風險表示為：

$$V(r) = E[(r-x)^2] \tag{2.1}$$

其中 r 是企業有價證券的實際回報價值，x 是企業有價證券的期望價值，$V(r)$ 就是企業風險變化值，即企業風險的大小。這種方法量化了企業有價證券的投資回報和風險變化之間的關係，即有價證券的投資中，人們總是希望風險最小化，而投資收益最大化。

美國學者Scott E. Harringtong認為企業風險就是相對於期望值的不確定性變化。Skipper在 *International Risk and Insurance: An Environmental-managerial Approach* 一文中將企業風險定義為非必然發生的事件，而且該事件的預期結果與實際發生情況存在差異。Haimes, Yacov Y（2006）在 *On the Definition of Vulnerabilities in Measuring Risks to Infrastructures* 中把風險理解成事件中存在的變動和威脅的統一體。變動是一個系統（物理、技術、組織、文化等）中能夠被探查的對系統有不利影響的改變，威脅是通過狀態的變化使不利因素對系統產生有害的或者損害的作用，風險就是改變系統的不利影響時可能發生的有威脅的結果。Yacov Y. Haimes（2009）在 *On the Complex Definition of Risk: A Systems-*

based Approach 一文中指出：風險是多個系統分析概念，企業風險的發生與發生的地點、環境、時間等因素都存在關係，而簡單地把企業風險作為一個獨立系統或者獨立事件來計算發生概率和損失是不恰當的。

2.1.4.2 生命週期理論

企業生命週期理論誕生較晚。20 世紀 50 年代，Mason Haire（1959）才將生物學的觀點引入企業管理研究領域，他認為企業跟生物體一樣，也具有生長、發育、衰老和死亡的過程。J. W. Gardner（1965）比較了企業生命週期與生物體生命週期的差異性。Steinmetz L. L.（1969）研究了企業的 S 曲線成長原理。Churchill N. C.、Lewis V. L.（1983）提出了企業五階段成長模型。L. E. Greiner（1985）研究了企業變革對企業生命週期演進的影響。Ichak Adizes 是企業生命週期理論最具有代表性的學者，他把企業生命週期分為孕育期、嬰兒期、學步期、青春期、盛年期、貴族期、官僚初期、官僚期以及死亡期等十個階段，並對每一個階段管理的靈活性和可控性做了進一步研究。中國學者陳佳貴在前人研究的基礎上，根據中國企業成長的特點，提出了較適合中國國情的六階段（孕育期、求生存期、高速發展期、成熟期、衰退期和蛻變期）生命週期理論。但是至今，還沒有太多學者系統地研究中國科技型中小企業的生命週期，對於企業金融資源與科技型中小企業生命週期的匹配性研究幾乎是空白。

科技型中小企業的生命週期曲線與其他傳統非科技型企業存在一定的差異。為了研究的需要，本書將企業分為以下三種類型：大型企業、非科技型中小企業、科技型中小企業。在對中國的企業生命週期研究理論上，我們採納了陳佳貴的六階段生命週期理論，並抽取了一些企業樣本進行對比研究，分別概括出大型企業、非科技型中小企業與科技型中小企業的生命週期曲線，如圖 2.1 所示。圖 2.1 中，A 代表的是大型企業的生命週期曲線，B、C 分別代表的是中小企業的生命曲線。其中 B 代表的是科技型中小企業的生命週期曲線，C 代表的是非科技型中小企業的生命週期曲線。從圖中曲線的斜率大小可以看出，科技型中小企業 B 的成長速度遠遠快於大型企業 A 和非科技型中小企業 C。就衰退速度和轉型速度而言，科技型中小企業亦是如此，即它們衰退得更快、轉型得更快，存在一定的加速度。因而科技型中小企業的金融資源配置模式與大型企業以及非科技型企業存在明顯的差異。

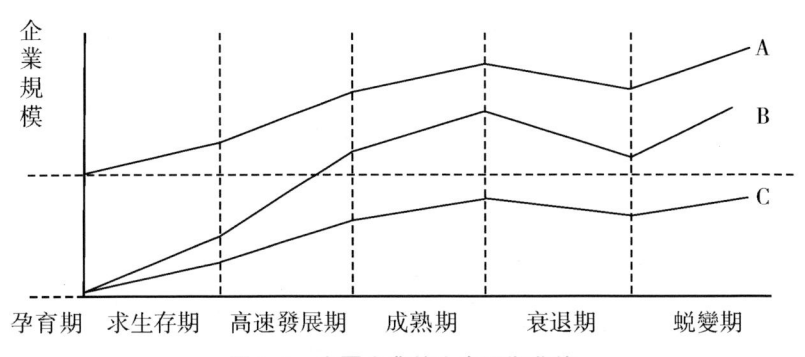

圖 2.1　中國企業的生命週期曲線

　　近些年來，中國金融資源供給日益豐富，但如何進行金融資源優化配置，助推科技型中小型企業成長，是亟待解決的問題。科技型企業的成長需要更強大的社會金融資源支持，比如在美國小企業局曾經為 12 萬家中小企業進行過融資，資金總額達到 280 億美元，其中包括了初期的美國在線服務公司（AOL）、蘋果公司（Apple）、英特爾公司（Intel）等世界一流科技型企業。科技型企業的成長路線圖不同於傳統企業，它們的融資模式和方法有別於非科技型企業。科技型企業的種子孵化期、導入期、成長期、成熟期等均表現出獨特的規律性。如果金融資源與企業的配置不合理或者不匹配，不但無法助推科技型企業的成長，相反，可能會加速它們的衰退和死亡。

　　科技型中小型企業融資難的問題是一個普遍性問題。但是該問題的另一面是：因為中小企業金融資源配置不合理，導致資金借貸風險加劇，使得金融機構與非金融機構不敢對其進行資金的借貸（從近年中國各地各金融機構的高額存貸差和富裕的民間資本就可以得知）。所以如何利用供應鏈金融優化中國科技型中小企業金融資源配置是解決中國中小企業成長問題的關鍵之一。

2.1.4.3　模糊數學理論

（1）模糊數學理論及發展史

　　模糊數學也可被稱為模糊性數學，或者弗晰數學、FUZZY 數學，它是近現代數學發展的一個重要分支，是一門新興的學科。其奠基人為美國控制論學者 L. A. 扎德。L. A. 扎德在 1965 年發表了一篇著名的學術文章《模糊集合》，該文章標誌了模糊數學的誕生。

　　模糊數學是建立在集合論的基礎之上的。集合論認為一切事物都是具有一定屬性的，屬性相同的事物聚合在一起稱之為一個集合。其經典論認為一個集合是有明確邊界的，即集合內部的元素與集合邊界外的元素是明確區分的，集合之間只能存在交、並、補、斥等關係。而模糊數學則認為事物之間的屬性邊

界是模糊的，沒有明確的數量界限，各種因素互相交錯，變量較多，充滿著眾多不確定性。

模糊數學以不確定性的事物為研究對象。它對人們的影響不僅僅存在於純理論研究領域。因為現實生活領域中也到處充滿著模糊現象。通過近半個世紀的發展，模糊數學已被大量地應用於農業科學、林業科學、化學、醫學、氣象學、結構力學、心理學、經濟學、管理學、計量學、石油開採、地質勘探、環境保護學、生物學、紡織、語言學、控制理論、遙感、雷達通信、教育學、體育學等領域的模糊控制、模糊識別、模糊聚類分析、模糊決策、模糊評判等各個方面。在模糊集合概念基礎之上還建立了很多數學學科分支，如模糊拓撲學、不分明線性空間、模糊代數學、模糊分析學、模糊測度與積分、模糊群、模糊範疇、模糊圖論、模糊概率統計、模糊邏輯學等。本書所使用的模糊綜合評估研究方法就是基於模糊數學而發展起來的研究方法之一。

（2）模糊數學與其他信用風險的評估方法及其優缺點

①多元線性判別模型。

多元線性判別模型又稱為 Z-score 模型，是一種企業財務指標預警模型，最早由 Altman 提出。該模型包含五個企業財務比率變量，這五個財務變量可以綜合反應企業的償付能力、盈利能力、營運能力。Z-score 模型可以預測企業破產或者財務危機的可能性，根據 Z 值的大小來確定企業風險的大小：Z 值越大，企業風險越低；相反，則企業風險越高。Z-score 簡化模型如下：

$$Z 值 = W_1 \cdot R_1 + W_2 \cdot R_2 + \cdots + W_n \cdot R_2 \quad (2.2)$$

其中 W_1，W_2，…，W_n 是各個財務比率變量的權重，R_1，R_2，…，R_n 是各個財務比率的大小。

國外公司的各項財務數據難以取得，所以該模型難以被運用在國際貿易結算的風險評估中。

②多元 Logit 迴歸模型

多元 Logit 迴歸模型克服了多元線性模型的嚴格假定，因變量和自變量之間可以是非線性關係。

Logit 迴歸模型的算法的表達式：

$$\text{Ln}[p/(1-p)] = A + B_1 X_1 + B_2 X_2 + \cdots + B_n X_n + u \quad (2.3)$$

或者

$$p(Y=1|X=X_i) = 1/[1+e^{\wedge}(A+B_i X_i + u)] \quad (2.4)$$

其中 p 為企業風險概率判別；X_1，X_2，…，X_n 為影響企業信用的影響因素，一般為企業（財務）數據；A，B_1，B_2，…，B_n 為迴歸係數，可以通過極大似

然估計求出；u 為誤差項。

同樣，國外公司的各項真實財務數據難以取得，所以該模型難以被運用在國際貿易結算的風險評估與決策中。

③多元概率比迴歸模型（Probit 模型）。

Probit 模型與 Logit 模型近似，主要區別在於 Probit 模型的假設條件不同，Probit 模型假設函數的分佈為正態分佈。另外 Probit 模型把 P 值=0.5 作為判別的基準點。當 P>0.5 時候，則認為企業信用風險事件將發生；當 P<0.5 時候，則認為企業風險事件將不發生。

同 Logit 模型一樣，國外公司的各項真實數據難以取得，所以該模型難以被運用在國際貿易結算的風險評估與決策中。同時，Probit 模型對於因變量呈標準正態分佈積分的假定與現實可能存在差異。

④ Credit Metrics 模型。

它是經濟管理學界最流行的企業風險計量模型之一，Credit Metrics 模型的主要思想是將信用評級概率變化（信用風險概率轉換矩陣）、不同信用等級資產（貸款）現值估價、資產組合的收益均值與方差三者聯繫起來，並利用 VAR 模型求解資產（貸款）的在險價值。

該模型的缺點是信用概率轉換矩陣值因評級機構的差異而取值不同，而且評級機構對企業的信用等級評價覆蓋率較低，不能涵蓋國外所有企業，它們一般只會對少數大中型企業做出信用等級評價，這也是中國出口企業難以運用該模型的主要原因。

⑤ KMV 模型。

它是穆迪公司用於測算信息公開企業的違約點、違約距離、違約概率的一種算法。KMV 模型需要的已知參數條件較少，獲取相對容易，雖然迭代計算過程比較複雜，但是運用計算機得出結果較快。KMV 模型被作為模糊評估的輔助模型在第四章中進行詳細介紹。

⑥模糊神經網絡。

模糊神經網絡是將模糊算法與神經網絡系統結合起來，運用神經網絡系統輸入層、輸出層的結果推算隱蔽層（中間層）風險概率的權數大小。模糊神經網絡算法具有非前定線性或非既定函數分佈、容錯能力強、能自我學習等優點。但是，如果要得到理想的神經網絡系統，就需要人為地進行多次調試，需要投入大量的時間。模糊神經網絡的測試需要輸入層和輸出層的大量數據，但目前中國出口企業信用證結算缺乏詐欺風險數據，難以達到要求。

2.1.5　企業信用風險決策的常用方法

2.1.5.1　博弈論

博弈論思想在古今中外應用的歷史非常悠久，範圍也很廣泛，只是未被理論化、系統化。最早對博弈論理論進行系統研究的學者通常認為是馮·諾依曼（John von Neumann），他提出了博弈論的基本原理，將博弈論推上了科學的殿堂，同時也宣告了博弈論這門學科的誕生。在馮·諾依曼之後，有許多的數學家、經濟學家、科學家、社會學家致力於博弈論這門學科的研究。馮·諾依曼在普林斯頓大學的學生納什（John Forbes Nash Jr.）——1994年諾貝爾經濟學獎獲得者，在《n人博弈中的均衡點》（1950）和《非合作博弈》（1951）兩篇論著中提出了與他老師馮·諾依曼的《博弈論與經濟行為》一書不同的觀點：馮·諾依曼和摩根斯頓兩位數學家運用「最大最小定理」研究博弈行為，他們將大量的篇幅用於討論利益分配機制方面零和博弈，而對於非零和博弈研究甚少，只是利用自然參與人的假設將其轉化為零和博弈進行研究；納什的研究貢獻則主要體現在非合作競爭狀態下博弈參與人的理性選擇，而博弈參與人的決策是非獨立性的，博弈任意方的選擇路徑依賴於其他方的選擇路徑，提出 n 方非合作博弈中的納什均衡解理論。

德國著名經濟學家、諾貝爾經濟學獎獲得者萊茵哈德·澤爾騰（Reinhard Selten）將納什均衡引入動態分析，對 n 個納什均衡進行「剔除」，最終得到「子博弈精煉納什均衡」。哲學博士、經濟學天才及諾貝爾獎獲得者約翰·C. 海薩尼（John Harsanyi），提出了著名的「海薩尼轉化」，將不完全信息條件下的 n 方非合作博弈轉化為完全（但不完美）信息博弈。其經典論文《貝葉斯參與人完成的不完全信息博弈》（*Games with Incomplete Information Played by Bayesian Players*）使得以前無法有效研究的不完全信息條件下的 n 方非合作博弈有了被研究的可能，取得了經濟學上里程碑式的成就。

1996年諾貝爾經濟學獎得主詹姆斯·莫里斯在《關於福利經濟學、信息和不確定性的筆記》《道德風險理論與不可觀測行為》《組織內激勵和權威的最優結構》三篇論文中研究了在信息不對稱的條件下，董事會與經理之間、雇主與員工之間、保險公司與投保人之間等的委託—代理關係。他認為委託人和代理人都希望收益最大化，但是委託人不能觀察到代理人的行為（action）——努力工作或者偷懶、相關完全信息（information）——高能力或者低能力，只能觀察到行為、不完全信息的結果或者受益，因而委託人通過合同或者協議條款對代理人的行為進行激勵，所以他也被稱為激勵理論的先驅，

委託—代理關係是早期機制設計的產品之一，是不完全信息條件下貝葉斯博弈理論的在經濟管理領域的成功應用典範。

威廉·維克瑞（William Vickery）研究了在不完全信息條件下拍賣博弈機制的設計——密封遞價式拍賣，這種機制設計讓參與博弈的買方和賣方的權益都能夠得到合理的保護，克服了傳統的英式拍賣、美式拍賣以及荷蘭式拍賣的缺點。這種機制與以往的拍賣博弈機制的不同之處在於：參與人在互相不瞭解對方出價的信息條件下出價，然後出價最高的參與人獲得購買權，購買價格按照出價次高而非最高的價格作為標準。如果出價最高參與人未能購買，將由出價次高參與人獲得購買權，並依次類推。拍賣也是貝葉斯博弈在機制設計領域的應用之一。

2001年諾貝爾經濟學獎得主喬治·阿克爾洛夫（George A. Akerlof）發表在《經濟學季刊》上的論文 The Market for「Lemons」: Quality Uncertainty and the Market Mechanism 論述了二手汽車檸檬市場上交易的信息不對稱現象，他認為信息的擁有方——檸檬產品的持有者（賣方）可以謀取不當得利，並將優質產品擠出競爭市場。邁克爾·斯彭斯（Michael Spence）在其代表性論文《勞動力市場的信號發送》中論述了教育對於雇主的信號傳遞作用；他認為勞動力市場上分為兩種類型的人——能力高的人和能力低的人，由於信息不對稱的原因，雇主並不能區分雇員的能力類型，但是教育起了信號傳遞作用，高能力的人學習能力強，所以更容易以低成本獲得文憑，而低能力的人則不願意以高成本為代價去獲得文憑。在這裡，文憑雖然完全不能代表雇員能力的高低，但是他為雇主提供了鑑別雇員類型的「信號」。斯彭斯的信號傳遞模型後來被廣泛地應用於對股票市場、就業市場、商品市場、信貸市場的研究分析。信號傳遞模型進一步擴大了不完全信息條件下貝葉斯博弈的應用範圍，它對於日常生活的一些經濟現象提供了一種合理解釋。

約瑟夫·斯蒂格利茨（Joseph E. Stiglitz）則運用信息不對稱理論研究了保險市場，他在論文《競爭性保險市場中的均衡：論不完備信息經濟學》中指出，保險公司和投保人之間是一個非對稱信息體，投保人對自己投保的產品或項目信息的掌握程度較保險公司更加完備，所以投保人願意投保風險較高的產品或者項目，那麼保險公司出資賠償的概率就上升了，破產的概率也隨之增加。在此基礎上，斯蒂格利茨提出解決信息不對稱問題的措施：進行制度干預，即保險公司需要限制保額，使得被保險人得到全額賠付，那麼被保險人就會有動力去防止風險的發生，高風險、高保額的投保人需要支付大量的保費，

低風險、低保額的投保人通過提高可扣除費用而支付少量的保費。信息不對稱條件下的貝葉斯博弈在保險領域的研究成果有力地促進了保險公司的健康發展，並將保險資源進行了更合理的配置。

2005年諾貝爾經濟學獎得主羅伯特·奧曼（Robert J. Aumann）既是一位經濟學家，也是數學家和哲學家，他運用博弈理論有效地解決了合作和衝突問題。奧曼首先提出了交互式條件下的「最優理性決策」，他指出：博弈論就是交互式條件下的決策，每一個參與人的決策與其他人的決策交互影響；理性則是在既定信息條件下的效用最大化，「最優理性決策」就是理性參與人在他所掌握知識和信息的範圍內偏好的決策方案。奧曼區分了相關均衡和納什均衡，他認為參與人之間通過媒介可以交換彼此的信息——貝葉斯理性博弈所形成的均衡就是相關均衡；相反，參與人的私人信息相互獨立的博弈所形成的均衡就是納什均衡。奧曼還研究了「強均衡」和重複博弈——在「強均衡」博弈中，任意參與人單方面改變策略都不能增加其收益；傳統的完全信息重複博弈均衡結果與一次性博弈均衡結果相一致，而奧曼則認為完全信息重複博弈的結果與參與人之間的相互作用相關。奧曼發展了非完全信息重複博弈理論，建立了非完全信息重複博弈模型，他認為重複博弈加強了參與人之間的合作以及提高了效率，這種重複博弈增強了參與人之間的互動關係，提高了信息的透明度，使合作均衡更為牢固。這個模型對於本書研究信用證結算風險不完全信息重複博弈決策也起到了引導作用。

2007年諾貝爾經濟學獎得主昂尼德·赫維奇（Leonid Hurwicz），在20世紀60年代《資源配置中的最優化與信息效率》一文中首先探討「機制設計理論」——如何通過制度和分配機制設計使得經濟利益損失最小化。他後來發表在《美國經濟評論》上的《資源分配的機制設計理論》一文則研究了機制設計的「激勵相容原理」和「顯示原理」兩個關鍵問題。激勵相容原理可使個體理性與集體理性相互融合，這種機制設計解決了二者之間的衝突和矛盾。顯示原理則是指通過機制設計誘導參與人顯示出不對稱、不完全信息，並被廣泛用於貿易規則、貿易模式以及投票方法等方面。激勵相容原理和顯示原理屬於貝葉斯博弈過程反向機制設計，可以讓原貝葉斯博弈按照所設計的目的和路徑進行。

埃里克·S. 馬斯金（Eric S. Maskin）首先將非合作博弈理論運用到機制設計理論研究中。馬斯金與赫維奇不同之處在於：昂尼德·赫維奇的機制設計原理中，需要有一個理想完美的中央計劃者，而馬斯金的機制設計則是產生於

一般的非合作博弈中。馬斯金在《納什均衡和福利最優化》提出了「馬斯金對策」——納什均衡實施的充分條件下的策略。同時，馬斯金研究了計劃經濟體制中的軟預算約束，並將其引入比較機制設計領域中。馬斯金同樣對不完全信息條件下的貝葉斯博弈機制設計進行了一些應用研究，如寡頭壟斷、專利制度和投票理論等領域的機制設計。

羅杰·B.邁爾森（Roger B. Myerson）是一位應用型經濟學家，其代表作有《博弈論：矛盾衝突分析》《經濟決策的概率模型》以及他的博士論文《一種合作博弈理論》（*A Theory of Cooperative Games*）等。20世紀80年代，邁爾森運用博弈理論為加州電力系統進行「機制設計」，其「寡頭壟斷」而非「完全壟斷「的方案運行至今，取得了良好的效果。同時邁爾森通過機制設計原理還解決了醫學院校招生的難題——因為在美國醫生是高收入群體，而醫學院校是私立院校，那麼私立院校可以自主招生，將不斷擴大醫科學生的招生規模，從而引起醫療系統的收入下降。邁爾森運用博弈理論設計出一套政府監督規範機制，保證了醫務系統人力資源和醫學院校招生人數的良性循環。機制設計原理解決了許多領域的難題，如壟斷管制、稅制設計、環境設計、專利設計、市場設計等。這些難題之所以是難題，往往都是由於信息不對稱，或者信息傳遞不暢通。一般在解決這些難題的時候，貝葉斯博弈的基礎分析起到了至關重要的作用。

如上所述，博弈論在經濟學理論中所佔有的地位舉足輕重。正如經濟學天才薩繆爾森所說，如果在21世紀的經濟學領域中，你不懂得博弈論，那麼你將被排除在經濟學的門檻之外。貝葉斯博弈讓博弈論的應用更貼近於現實的經濟現象，並進一步放寬了博弈的約束條件和擴大了博弈論的應用領域。

總之，中小企業供應鏈風險博弈屬於企業信用風險博弈的一種特殊形式，它是建立在企業雙方信用、銀行信用基礎之上的一種融資方式。對供應鏈金融風險的研究就離不開對參與人信用風險的精確或者模糊分析，研究他們的信用狀況，什麼時候會守約，什麼時候會違約，以及守約、違約行為將會給參與人帶來多大收益或者多大損失。

2.1.5.2 決策樹方法

決策樹方法是對比不同的方案的期望值而形成的樹狀結構。該結構簡單、清晰、明了，條理性強，不需要太深厚的專業知識。決策樹結構圖例見圖2.2。

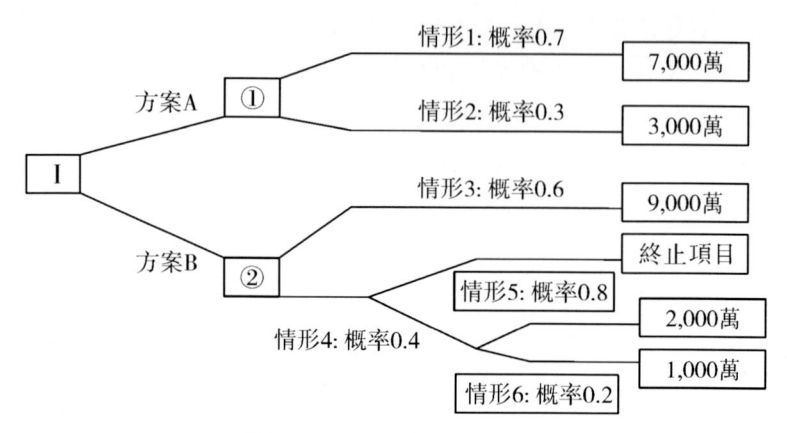

```
              情形1: 概率0.7
方案A ─① ─┤                    ┌ 7,000萬 ┐
          │ 情形2: 概率0.3      └ 3,000萬 ┘
[ I ]
          │ 情形3: 概率0.6      ┌ 9,000萬 ┐
方案B ─② ─┤                    └ 終止項目 ┘
              情形5: 概率0.8    ┌ 2,000萬 ┐
            情形4: 概率0.4      └ 1,000萬 ┘
              情形6: 概率0.2
```

圖 2.2　風險決策樹結構圖例

　　決策樹的分析方法適合幾種方案的對比擇優決策，往往是一個參與者的自身行為選擇，與其他參與人的選擇無關；而企業國際結算過程中往往會涉及多方利益關係，所以不太適合中國出口企業的結算風險的決策分析研究。

2.1.5.3　蒙特卡羅模擬的決策方法

　　蒙特卡羅分析方法起源於法國科學家普豐投針計算圓周率的一種實驗方法。後來隨著計算機技術和數學理論的進一步發展，蒙特卡羅模擬仿真的方法被廣泛地應用於現實經濟社會中，為科學預測和決策提供了一個比較理想的方法。蒙特卡羅模擬方法應用的前提是實驗者首先需要知道風險事件發生的概率分佈函數，隨後利用計算機技術產生一系列的隨機數，然後利用這些隨機數計算出風險收益的均值大小，決策者最後根據相關結果做出決策。這種方法在已經知道風險事件發生的概率分佈的情況下，無疑是一種簡單易操作的方法，但是對於中國企業的出口信用證結算業務，至今未有任何機構統計出其詐欺風險概率分佈情況，因而也不能據此用計算機模擬生成一系列的隨機數進行測試實驗。

2.1.5.4　系統動力學

　　系統動力學是一門綜合性的科學，它融合了系統論、信息論，以及計算機科學等學科門類的主要思想和新研究成果，減少了在分析問題和決策時候的片面性、局部性，增強了決策者的整體性意識和全局觀。

　　系統動力學把系統看作多重信息反饋系統，通過研究人員對系統的深入分析，把系統分解成不同的因素集合，然後將不同的因素聯繫起來建立起因果關係反饋圖，通過 Vensim 軟件建立系統流圖（包括輸入 Dynamo 方程的建立與輸入），最後對現實的系統結構進行仿真實驗，找出較優的系統決策方案。

2.2　本章小結

　　本章首先對中小企業的定義進行了研究，說明了全球各國對中小企業的定義各不相同，特別說明了中國對中小企業的界定。其次對供應鏈的定義以及對「互聯網+」的定義進行了研究，指出國際上為學者所普遍接受的一些通常定義方式。然後對相關領域的理論與研究方法進行了梳理，重點介紹了中小企業信用風險理論、生命週期理論、模糊數學風險理論、博弈理論、決策樹方法、系統動力學、KMV 模型等，分別指出了它們的應用方法與應用範圍。最後對相關領域的研究文獻進行了綜述，包括中小企業融資難問題的研究綜述、供應鏈金融的研究綜述以及對供應鏈金融的常見三種融資模式（融通倉、保兌倉、應收帳款）的研究綜述，指出了前人研究的優點及不足。

3 互聯網+商業銀行+中小企業供應鏈融資模式創新研究

互聯網金融與金融互聯網是兩個相近但又不完全相同的運行模式：兩者的共同點是它們的媒介都是互聯網，但是側重點不同。互聯網金融強調的是互聯網數據的運用。金融活動的根基是互聯網數據，包括互聯網信息收集、信息處理、數據庫的建立等，比如「交易大數據+中小企業供應鏈融資」模式。金融互聯網是將傳統金融業務嫁接到互聯網上，通過互聯網技術來改進傳統金融業的業務產品與業務流程，達到方便、高效、快捷的目的，比如本章要論述的互聯網+商業銀行+中小企業供應鏈融資模式。

3.1 互聯網+商業銀行+中小企業供應鏈融資模式

供應鏈金融（Supply Chain Finance，簡稱 SCF）就是在商業銀行、核心企業、上下游企業以及物流企業中間對融資進行靈活運用。供應鏈金融主要有三種形式：保兌倉、融通倉和應收帳款。目前，中小企業的貸款的增長速度要高於大型企業貸款的增長速度。但由於受商業銀行信貸規模等一些因素的限制，很多中小企業的貸款額度受到商業銀行的約束。因此，供應鏈金融這種靈活的融資模式受到了中小企業和商業銀行的青睞。供應鏈金融不同於其他融資方式，它可以通過信息共享機制等一些方式，增加供應鏈上企業組織間的信任，減少彼此的信用風險。目前供應鏈金融受到了一些地方政府、線上商業銀行、中小企業等的支持，發展速度較快。

「商業銀行+線上供應鏈金融（Online Supply Chain Finance，簡稱 OLSCF）」就是將互聯網技術與供應鏈金融緊密結合在一起的創新金融模式。商業銀行+線上供應鏈金融將「物流—資金流—信息流」在線上進行有機的整合，信

共享，具有迅速快捷、低風險、低成本等傳統融資模式所不具有的優點。近幾年「商業銀行+線上供應鏈金融（OLSCF）」發展速度很快，以平安線上商業銀行為代表的線上商業銀行已被廣泛應用，光大線上商業銀行、民生線上商業銀行、中信線上商業銀行、興業線上商業銀行等也都推出了線上供應鏈的金融業務。業內人士也反應「商業銀行+線上供應鏈金融」發展是大勢所趨。對於融資額需求較大的中小企業來說，線上供應鏈金融無疑是一種較為理想的金融創新模式。

3.1.1 中小企業「商業銀行+線上供應鏈金融（OLSCF）」融資創新模式

中小企業融資是其不斷獲取資金的活動。但是眾所周知，由於中小企業缺乏信用記錄、信貸抵押品和完整可信的財務報表等，它們很難從銀行獲得所需的貸款。同時，中小企業信貸的特點與大企業信貸的特點也不一樣，主要表現為信貸放款時間急、信貸規模小、信貸頻率高、信貸週期短等，銀行的普通信貸產品很難滿足中小企業的需求。

供應鏈金融是一種「1+N」模式，它是圍繞1個核心企業，順著供應鏈鏈條的延伸，為供應鏈上的N個企業進行融資，為供應鏈整體提供金融服務。從本質上講，供應鏈金融是自償性貿易融資的延伸和發展，它從供應鏈角度出發，依託供應鏈上的核心企業的資信水準對中小企業開展綜合授信，並根據真實的貿易背景、行業特點及融資需求制訂合適的融資方案，以解決中小企業融資問題，從而提升整條供應鏈的競爭力。

單靠供應鏈金融或者單靠互聯網融資模式並不能完全解決中國中小企業融資難的問題，只有將兩種模式相結合，取長補短，融合成「商業銀行+線上供應鏈金融（OLSCF）」產品與服務，才能更好地解決中國中小企業融資難的問題。OLSCF是伴隨國際互聯網的發展以及供應鏈的發展應運而生的一種新型的融資模式。與傳統金融產品不同，線上供應鏈金融產品具有審核時間快、放貸時間快、還款時間快、信貸週期短、信貸金額小等特點，正好能適應中小企業發展的融資需求。

「商業銀行+線上供應鏈金融（OLSCF）」可以實現參與人共贏，將物化的資金流轉化為在線數據，可以嵌入中國線上核心企業的電子商務平臺，共享「1+N」供應鏈即時交易信息，實現「商流—物流—資金流—信息流」的在線整合。「商業銀行+線上供應鏈金融（OLSCF）」可能的整合模式主要有以下幾種：

（1）線上融通倉。

「融」指金融，「通」指物資的流通，「倉」指物流的倉儲。融通倉是金融、流通、倉儲三者的集成、統一管理和綜合協調。融通倉可以利用成熟的互

聯網和 IT 技術構建平臺，連接供應鏈的上下游及各參與方，包括線上核心企業、中小企業、線上商業銀行、物流服務商等，實現各方信息交互，業務協同，並通過對相關各方經營活動中所產生的商流、物流、資金流、信息流的歸集和整合，提供適應供應鏈全鏈條的在線融資模式。

中國中小企業運用融通倉進行融資的方式和手段有很多種，其運作模式有兩種主要的方式，即質押擔保融資模式和信用擔保融資模式，現就兩種融資模式進行簡要介紹。

第一，線上倉單質押模式 A（質押擔保融資）。

在倉單質押業務中，由於中國貸款企業將從線上核心企業購買貨物並存入第三方物流而缺少資金，貸款企業通過融通倉進行融資。融通倉是貸款企業與線上商業銀行等金融機構簽訂的質押貸款合同以及與第三方物流簽訂的倉儲協議。同時，貸款企業可以在線向線上商業銀行提出貸款申請，線上商業銀行通過「商業銀行+線上供應鏈金融（OLSCF）」系統，能夠即時監控抵/質押品情況，以及供應鏈運作效率等，然後根據貸款企業的貸款申請和第三方物流企業提供的倉單證明，在貸款企業交付一定的保證金的前提下，發放給貸款企業一定程度的貸款。貸款企業憑藉第三方物流企業的擔保照常銷售其在融通倉內的商品。第三方物流倉庫在確認銷售商品的收款帳戶為貸款企業在合作的線上商業銀行開設的帳戶後予以發貨，收貨方將貨款打入銷售方在線上商業銀行開設的帳戶，線上商業銀行從貸款企業的帳戶中扣除相應的資金以償還貸款。如果貸款企業不履行或不能履行貸款債務，線上商業銀行有權根據質押合同從質押物中優先受償。

線上倉單質押模式 A 見圖 3.1。

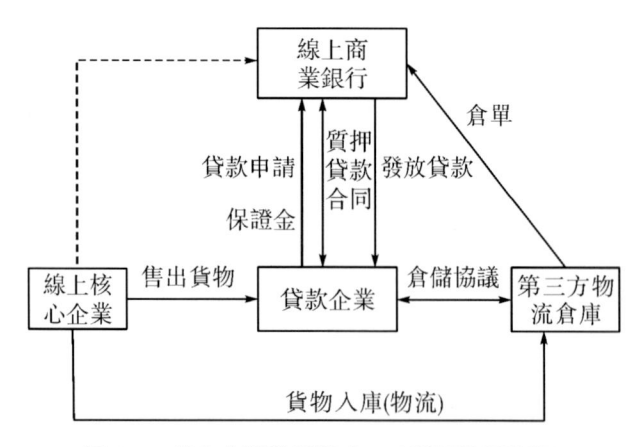

圖 3.1　線上倉單質押模式 A（質押擔保融資）

第二，線上倉單質押模式 B（信用擔保融資）。

商業銀行借助網絡技術和供應鏈管理系統可以詳細地瞭解中國第三方物流的情況，根據其規模、經營業績、營運現狀、資產負債比例及信用程度，授予第三方物流企業一定的信貸配額。第三方物流企業又根據與其長期合作的中小企業的信用狀況配置其信貸配額，為貸款企業提供信用擔保，並以受保企業滯留在其融通倉內的貨物作為質押品或反擔保品確保其信用擔保的安全。貸款企業在質押物倉儲期間需要不斷進行補庫和出庫，中國中小企業出具的入庫單或出庫單只需要經過融通倉的確認，中間省去了金融機構確認、通知、協調和處理等許多環節，縮短補庫和出庫操作的週期，在保證金融機構信貸安全的前提下，提高貸款企業產銷供應鏈運作效率。同時也可給信用狀況較好的企業提供更多、更便利的信用服務，而透明共享的信息平臺也使得第三方物流企業自身的信用擔保安全能夠得到保障。

線上倉單質押模式 B 見圖 3.2。

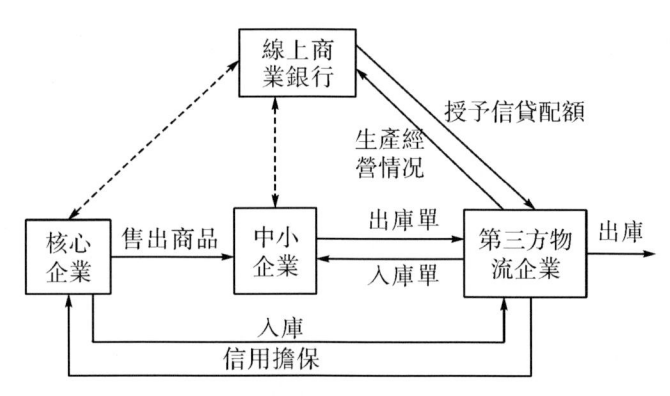

圖 3.2 線上倉單質押模式 B（信用擔保融資）

隨著全球化程度的不斷加深，中國中小企業的發展機會增加，其在發展中面臨的危機和風險也相應增多。傳統的融資模式已經不能很好地為中小企業服務，搭建融通倉為中國中小企業融資解決了資金運轉的難題。「商業銀行+線上供應鏈金融（OLSCF）」的對接嵌入，使得供應鏈協同電子商務可以在線上完整實現「商流—資金流—物流—信息流」的所有功能。金融機構、中小企業和物流公司可以緊密結合，協調三方的共同利益，最終實現資金流、商流和物流的在線完美結合。

（2）線上保兌倉。

線上保兌倉是指以線上商業銀行信用為載體，以線上商業銀行承兌匯票為結算工具，由線上商業銀行控制貨權，賣方（或倉儲方）受託保管貨物並對

承兌匯票保證金以外金額部分以貨物回購作為擔保措施，由線上商業銀行向生產商（賣方）及其經銷商（買方）提供線上承兌匯票的一種金融服務。

　　線上保兌倉的操作流程：一是經銷商通過向合作方線上商業銀行提供自己的訂單，以及繳納一定的保證金後，由合作方線上商業銀行簽發以線上核心企業為收款人的商業銀行承兌匯票。二是經銷商將線上商業銀行承兌匯票交付線上核心企業並要求提取商品貨物，線上核心企業在收到線上商業銀行承兌匯票後向物流公司或倉儲公司的倉庫發貨，貨到倉庫後轉為倉單質押。三是線上商業銀行根據經銷商繳納的一定比例的保證金簽發提貨單，線上核心企業根據提貨單向經銷商發貨，經銷商實現銷售後，再繳存保證金，重複以上流程。四是匯票到期後，由經銷商支付承兌匯票與保證金之間的差額部分。五是假如融資企業無法到期償還線上商業銀行貸款等敞口，則線上核心企業負責回購質押貨物。線上保兌倉的操作流程見圖3.3。

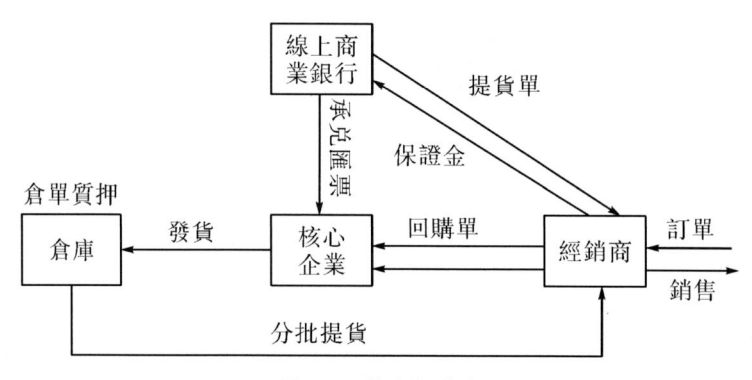

圖3.3　線上保兌倉

　　線上商業銀行在收到經銷商的訂單後，必須確保經銷商提供信息的真實性，從而制定出比例合理的提貨單。線上核心企業也必須瞭解經銷商是否能完成銷量，評判自己是否需要回購商品。線上商業銀行、線上核心企業、經銷商也需要瞭解倉庫的庫存情況，在整個線上供應鏈融資過程中，信息的傳遞十分重要。借助網絡技術和供應鏈管理系統形成的信息透明化使經銷商能夠瞭解線上核心企業的財務狀況、庫存和生產計劃等信息，線上核心企業也能瞭解經銷商的財務狀況、銷售計劃和庫存等信息。若能運用線上供應鏈金融（OLSCF）構築適應於多個行業的「1+N」供應鏈客戶，滿足多方無縫對接、可視界面統一、信息即時共享等條件的電子作業平臺，就能更好地解決中國中小企業融資問題。

（3）線上應收帳款融資。

「商業銀行+線上供應鏈金融（OLSCF）」的應收帳款融資是線上商業銀行供應鏈金融的創新模式之一。它對以往被商業銀行忽略然而又極為重要的資產形態——應收帳款予以肯定，並接受其作為融資質押物，為中小企業提供一種全新電子化流程服務系統融資渠道。線上應收帳款融資的操作流程是：融資買賣雙方在簽訂購銷合同後，在賣方要發貨給買方時並非雙方直接結算，而是先由賣方向線上商業銀行提出應收帳款質押申請，線上商業銀行向買方發出應收帳款通知，買方在確定應收帳款質押信息後，由線上商業銀行給予賣方應收帳款質押融資授權，買方支付帳款後，賣方歸還應收帳款質押融資。在此模式下，供應商將其對線上核心企業一定期限內的所有應收帳款質押給線上商業銀行。在系統對接的基礎上，線上商業銀行定期從線上核心企業處批量獲得供應商對線上核心企業的應收帳款信息，自動形成應收帳款池，供應商可在該應收帳款池的基礎上申請融資的產品（見圖3.4）。

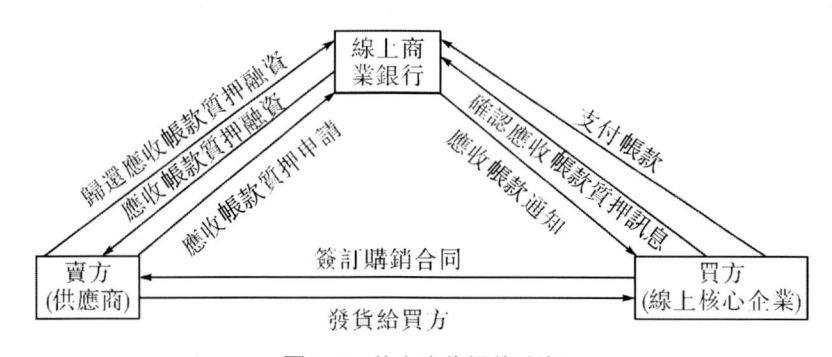

圖 3.4　線上應收帳款融資

通過整合企業 ERP 系統和線上商業銀行以及電子商務平臺，線上商業銀行可以嵌入中小企業的供應鏈電子商務平臺，共享「1+N」供應鏈即時交易信息，從電子商務平臺快速獲得所需要的有關商品、應收帳款、企業等關鍵信息，保證信息的共享性和透明性。由此，線上商業銀行能夠及時地瞭解應收帳款能否轉讓或質押，借款人和應收帳款債務人的資信與誠信情況，應收帳款是否存在，合同價格等是否正常與合理，出質人、應收帳款債務人的資產負債狀況，出質人對銷售、資金回籠等的管理措施與水準，以及借款人的債權管理水準等。透明化的信息既省去了線上商業銀行的信息甄別成本，也增加了信息的可信度，使得線上應收帳款質押融資更加容易、快捷。融資完成後，及時、透明的信息也有助於線上商業銀行將貸後管理做得更完善，能夠密切關注出質人、應收帳款債務人和與他們有關聯的第三人的行為，防止質權受到損害或債

務人責任財產減少；監督出質人、債務人對合同約定的遵守與落實，及時制止或懲罰他們的違約行為；隨時瞭解出質人、應收帳款債務人的財產變化、管理狀況、誠信等；全面掌握影響或可能影響質權實現的各類信息，做到防患於未然。

3.1.2 「商業銀行+線上供應鏈金融（OLSCF）」的 SWOT 分析

（1）「商業銀行+線上供應鏈金融」的優勢（strength）。

第一，提高了審批過程的效率。

通過「商業銀行+線上供應鏈金融」平臺系統，中國中小企業不僅可以改變供應鏈線上下游企業與線上商業銀行只能通過線下交流的低效率模式，而且可以通過線上的融資服務來改善一些線下不便的操作程序，提高系統效率。在供應鏈金融中，中國中小企業提交給線上商業銀行的融資申請往往需要很長時間的審核，而融入互聯網金融後，線上商業銀行可以直接在線對供應鏈中的企業進行監管，中小企業也可以通過線上傳送所需要的服務信息，這樣大大縮短了審批時間，貸款還款審批時間也可縮短到一天甚至幾個小時。這樣不僅有利於中小企業的日常經營與發展，也有利於線上商業銀行開展其他業務，提高線上商業銀行的經營效率。

第二，降低整個審批過程的成本。

通過「商業銀行+線上供應鏈金融」系統，線上商業銀行能夠從線上快速瞭解中國借貸企業的經營活動、資金狀況等，降低了對其的信息甄別成本，增加了信息可信度，也能夠更好地對其的發展潛力進行評估。另外，供應鏈各企業之間進行信息共享，能夠減少一些獲取信息的交換成本，有利於雙方順利開展信貸業務。線上的信息共享省去了一些繁復的線下勞動，節省了大量的工作時間、人力及物力。

第三，共享信息，降低風險。

通過「商業銀行+線上供應鏈金融」系統，中國供應鏈企業交易信息、抵/質押品信息、監管信息、額度信息在線上供應鏈金融（OLSCF）平臺清晰可見。線上的下游企業與線上商業銀行之間可以迅速地共享這些信息。線上商業銀行可以更好地對中國中小企業進行監管，對其的風險評估也會更準確。中小企業可以及時地瞭解到線上商業銀行最新的相關信息，而供應鏈中小企業之間可以及時地相互傳遞庫存、銷量流轉等數據，便於更加合理、快速地安排採購、排產、銷售等各項活動。中國中小企業與第三方物流之間，通過 OLSCF 系統可以更好地瞭解對方的規模、信譽、物資情況等，方便客戶在線辦理抵/

質押品入庫、贖貨，而第三方物流能夠更好地對企業的物資進行監管。在整個供應鏈與線上商業銀行、第三方物流之間進行線上信息共享，大大降低了中國中小企業融資過程中產生的風險。

第四，實現線上供應鏈的協同，優化中國中小企業供應鏈融資和財務供應鏈協作模式。

一方面，通過 OLSCF 系統，可以在企業與線上商業銀行、第三方物流之間共享「1+N」供應鏈即時交易信息，從而更便捷地進行各種服務，真正實現供應鏈「商流—物流—資金流—信息流」的在線整合，極大地有利於線上供應鏈的協同。另一方面，中國中小企業供應鏈融資和財務供應鏈可以通過此鏈條得到極大的優化。

（2）「商業銀行+線上供應鏈金融（OLSCF）」的劣勢（weakness）。

第一，線上平臺標準化、無縫對接程度低。

「商業銀行+線上供應鏈金融（OLSCF）」服務需要買賣雙方的 ERP 系統和線上商業銀行電子商務平臺的對接，「商業銀行+線上供應鏈金融（OLSCF）」與線上核心企業及其線上下游企業、物流企業等實現系統對接和數據交互，通過數字簽名技術進行客戶身分認證，客戶在線提交電子資料，審批過程直接線上進行。但是這種操作平臺還未在國內正式建立，線上商業銀行還未能與供應鏈中各企業進行對接，線上交流仍然困難，主要的審批過程還是在線下進行，更不用說中國的線上供應鏈金融水準了。

第二，存在信息的安全隱患。

「商業銀行+線上供應鏈金融（OLSCF）」系統中，中國中小企業與線上商業銀行之間的信息是共享的，但是共享的信息可能存在失真現象。因為中國中小企業希望自己能夠從線上商業銀行處獲得貸款，就會下意識地美化自己的信息，以便獲得線上商業銀行的支持，因此中國中小企業可能會隱藏一些不利信息和涉及商業秘密的信息，或者誇大信息使自己更「完美」。另外，在信息處理中也或多或少存在一些使用不當技術等問題，這些行為都會導致信息失真。同時，互聯網中存在安全隱患，一些非法破壞軟件可能會阻斷甚至盜取企業與線上商業銀行之間共享的信息，帶來一定的風險。

第三，金融服務要求提高。

在線上供應鏈金融系統中，線上商業銀行雖然使中國中小企業的融資審批更加便利、風險更小，但是由於線上供應鏈金融系統對線上商業銀行的作用更大一些，線上商業銀行所承擔的相應責任就更大，對線上供應鏈金融服務的要求更高。因此線上商業銀行對其職員的素質、計算機操作水準的要求更高，雖

然目前中國線上商業銀行中的大多數從業人員的素質較高，但是對於「商業銀行+線上供應鏈金融（OLSCF）」的操作能力較低，無法滿足其快速發展的要求，這會成為線上商業銀行工作的一大阻礙因素，所以線上商業銀行內部員工的專業技能必須相應提高才能更好地適應這一需求。

（3）「商業銀行+線上供應鏈金融（OLSCF）」的機會（opportunity）。

第一，適應大數據時代的需要。

隨著 Web2.0 的成熟和發展，大數據時代即將到來。誰能把握住大數據時代的先發優勢，對數據加以有效的處理、分析和運用，誰就將成為領跑者。面對外圍經濟環境的不確定性與競爭加劇的情形，中國中小企業需要對經營生產進行精益管理，因而供應鏈上下游之間的信息互通互聯顯得尤為重要。商業銀行供應鏈金融從「線下（offline）」轉戰「線上（online）」，才能夠使自身與中國中小企業互利共贏，更好地適應時代發展的需要。

第二，線上商業銀行的重視及其之間的競爭。

面對中國中小企業多元化的金融需求以及多變的市場環境，商業銀行均在尋求傳統信貸業務之外的業務藍海，這使得方興未艾的供應鏈金融競爭越發激烈。隨著線上商業銀行紛紛推出供應鏈金融線上系統，硝菸隨之從線下彌漫至線上。各大商業銀行對於線上供應鏈金融十分重視，民生、中信、光大、興業等多家線上商業銀行在供應鏈金融領域發力，力圖實現從「線下手工處理」到「線上多系統集成」的轉變，以便滿足多個行業「1+N」供應鏈客戶的需求，更好地實現各方信息交互、業務協同、交易透明，並通過對相關各方經營活動中所產生的商流、物流、資金流、信息流的歸集和整合，提供適應供應鏈全鏈條的在線融資、結算、投資理財等綜合金融與增值服務。

第三，中國中小企業融資的迫切需求及政府的支持。

中國中小企業在國民經濟發展中起著很大作用，政府為了鼓勵其發展先後出拾了一系列優惠政策，如國務院審議通過了《徵信業管理條例（草案）》，這標誌著醞釀十年的徵信行業法規條文已正式出拾。信息不對稱是影響中國中小企業融資的一個重要因素。通過徵信服務，一方面有助於提高中國中小企業的信息透明度，提高其獲得融資的可能性；另一方面有助於提升中國中小企業的信用價值，提高其獲得融資的額度。中國中小企業要借助融資獲得發展，線上商業銀行要開展貸款業務以獲取利益，而採取線上供應鏈能夠使雙方在激烈的競爭中獲得長遠發展。

第四，傳統的商業銀行貸款提供了豐富的經驗。

線上供應鏈金融（OLSCF）業務是隨著傳統的商業銀行貸款業務的不斷改

進而產生的。先是線下的簡單的小額貸款，然後是複雜的大額貸款，而後隨著需求的不斷深入，又從線下轉至線上。在這一系列演進中，商業銀行不斷在累積經驗與吸取教訓。

（4）「商業銀行+線上供應鏈金融（OLSCF）」的威脅（threat）。

第一，法律法規不夠完善。

目前中國還沒有較完善的法律法規來規範中小企業及互聯網金融等的行為、維護線上供應鏈有效、順利地運作，更不用說完善的法律體系。因此，中國政府應在線上供應鏈金融（OLSCF）的發展過程中發揮宏觀指導作用，制定相關政策、法規和標準，加大對網絡犯罪的打擊力度，加大網絡安全保護基礎設施的研發支持力度。

第二，其他融資方式帶來的競爭壓力。

中國中小企業雖然可以通過線上供應鏈向線上商業銀行融資，但是也可以通過一些借貸公司或高利貸等其他方式進行融資，這或多或少會對線上商業銀行的線上供應鏈金融（OLSCF）業務構成威脅。因此線上商業銀行只有增強自身的實力，加強線上供應鏈的作用，增進與中國中小企業之間的聯繫，才能更好地在激烈的競爭中獲得發展。

第三，金融環境的不確定性。

當一國經濟不景氣，或者受經濟週期、匯率風險、利率風險、通貨膨脹等因素的影響時，該國中小企業通過線上供應鏈向線上商業銀行融資所付出的成本過大，中小企業向線上商業銀行融資的可能性會減少，線上供應鏈金融（OLSCF）所能發揮的作用會大大削弱。此時，線上商業銀行要採取一些相應的優惠政策來盡量地改善這種不利情況，盡可能地吸引中小企業進行有效的借貸行為。

總之，「商業銀行+線上供應鏈金融」可以通過信息平臺，以較低的成本為這些小而散的客戶提供服務。因此「商業銀行+線上供應鏈金融」有助於解決中國中小企業融資難的問題，支持實體經濟的發展。在「商業銀行+線上供應鏈金融」模式下，信息可以在數據平臺上進行交換，利率可以在開放的平臺上進行報價、交易，這提供了一種有效的價格發現機制。線上供應鏈金融（OLSCF）衝擊著傳統金融業務，客觀上也促使金融機構運用互聯網思維和技術進行業務轉型，讓更多的金融業務從線下走到線上，方便中國各類金融用戶，改善用戶體驗。隨著金融業務的發展和擴大，其潛在的風險也不容忽視，存在著一定的信息安全風險和技術風險，而現在互聯網技術已逐漸滲入中國金融業核心領域，其所面臨的壁壘更嚴，競爭更激烈，同樣的對中國金融業的影響也更具顛覆性，所以才對「商業銀行+線上供應鏈金融」的優勢、劣勢、機會、挑戰做詳細的分析。

3.2 中國商業銀行發展線上供應鏈金融實例研究

3.2.1 中信銀行

1. 中信銀行的供應鏈金融業務開展狀況

中信銀行的供應鏈金融業務大約開始於 2000 年，標誌性的事件是和神龍汽車的合作。經過十幾年的發展，中信銀行的供應鏈金融主要涉及汽車、鋼鐵和家電三個行業。在產品方面，主要以物流產品為主。其中汽車金融網絡業務主要採用先票（款）後貨的存貨質押業務操作模式，家電金融網絡業務則主要採用保兌倉業務操作模式。2009 年，中信銀行正式推出「中信供應鏈金融」品牌，提出了「三大平臺、四大增值鏈、五大特色網絡」的品牌內涵；「物流合作平臺」是「三大平臺」之首，即同物流公司的服務進行有效整合以提供更為高效的供應鏈金融服務。2012 年，中信銀行供應鏈信貸規模超過 6,000 億元，到 2014 年接近 7,000 億元。

中信傳統供應鏈金融主要由三大平臺、四大增值鏈、五大特色網絡組成（見圖 3.5）。三大平臺主要包括物流融資平臺、同業合作平臺、政府支持平臺。四大增值鏈包括應收帳款增值鏈、預付帳款增值鏈、物流服務增值鏈和電子服務增值鏈，每種增值鏈下又包括若干增值源。五大特色網絡包括汽車金融網絡、鋼鐵金融網絡、家電金融網絡、石化金融網絡、電信金融網絡。

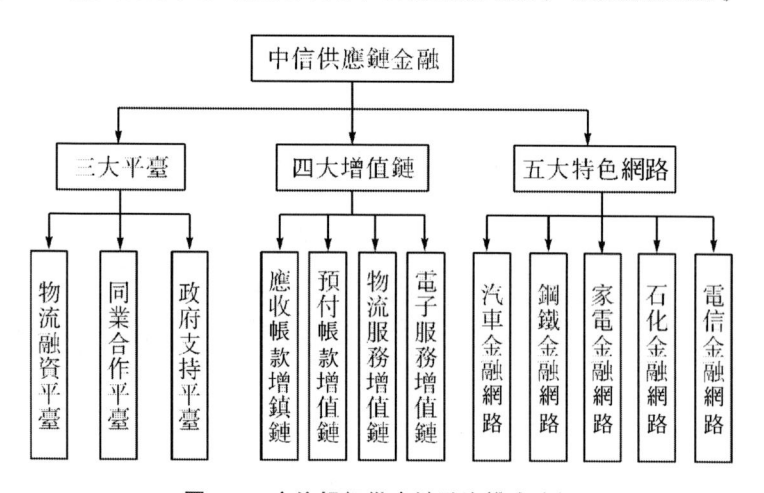

圖 3.5 中信銀行供應鏈融資模式分析

中信銀行的應收帳款是其最早開發的一種供應鏈金融產品，也是其運行最為成熟的一種模式。這種模式包括應收帳款質押融資、國內保理、出口保理、委託代理貼現、買方付息貼現和商票保貼這六種產品。

2. 中信銀行的線上供應鏈金融業務開展狀況

中信銀行一直致力於將傳統供應鏈金融業務升級為「互聯網+供應鏈金融」。2014年9月，中信銀行與海爾集團共同推出線上供應鏈金融服務系統，該系統與700多家海爾分銷商建立線上供應鏈授信業務，創造了10秒鐘放貸的「秒貸」記錄，1年內就實現10多億的線上授信額度。

2015年11月，中信銀行成功舉辦電商供應鏈金融峰會，為電商供應鏈客戶提供個性化、定制化的線上信貸服務，如線上簽合同、線上放貸，無需大堆紙質材料，15秒內放貸，7天×24小時在線服務，在家就能貸款等信貸服務。中信銀行供應鏈金融客戶有近萬家，其中電商線上供應鏈金融客戶有近2,000家。

3.2.2 招商銀行

2002年，招商銀行就在當年推出的U-BANK3.0中加入了對網上國內信用證功能的支持，邁出了國內電子供應鏈金融服務探索的第一步。

2004年，再次升級網上國內信用證這一獨創的電子化物流採購手段，將以銀行信用為基礎的付款承諾應用於上下游供應鏈企業，促進企業業務流程優化，並同時提供打包、議付、轉開等多種融資服務。

2005年，國內第一張真正意義的電子票據在招商銀行面世。據此，招商銀行可為企業涉及商務鏈的商流銷售票據回籠和物流採購票據支付等提供完整的電子化解決方案。

2007年，推出交易識別業務，解決企業在收款過程中遇到的因付款人信息缺失、付款人名稱難以自動識別而導致的記帳、對帳困難等問題。

2008年，網上國內保理業務的推出，為企業在供應鏈貿易流程中的資金融通、加速資金週轉和控制風險提供了新的業務思路。它簡化了傳統保理業務的操作流程，降低了應收應付帳款的管理難度，提供全面的電子化保理業務解決方案，將企業從大量的銷售帳款管理工作中解脫出來。在線應收應付帳款管理系統，則能幫助企業全面記錄貿易細節，並保存帳款發生日期、發票號等內容，形成完備的應收應付帳款管理臺帳，提升了企業對供應鏈貿易信息的管理水準。

2009年10月28日，招商銀行首批上線中國人民銀行電子商業匯票系統

(ECDS)，並在十八家首批上線銀行中脫穎而出，成功競得全國第一張電子銀行承兌匯票、第一張電子商業承兌匯票及第一筆電子商業匯票貼現業務，充分驗證了招商銀行系統的完善性、電子化程度和穩定性。

2010年，招商銀行整合推出企業票據資源綜合管理及利用方案、應收帳款管理及利用方案、企業收款管理方案等服務方案，優化企業應收應付帳款管理流程，整合供應鏈資源，優化供應鏈。

招商銀行電子供應鏈金融業務，在汽車、鋼鐵、醫藥、家電等行業得到了深入的應用，業務取得超常規發展。2007—2009年，產品交易量分別達到500億元、700億元和1,000億元，年均增長率在40%以上。截至目前，客戶數量達3,316家，其中不乏美的、海爾、樂金電子、廣汽本田、比亞迪、一汽豐田、攀鋼、河北鋼鐵、馬應龍、九州通等知名產業鏈核心企業。

招商銀行以網上企業銀行為平臺，為企業涉及商務鏈的商流銷售票據回籠和物流採購票據支付以及集團性企業內跨地區商業票據的就地託管、集中運作、集中支付等提供統一的網上票據管理。其主要功能有四項。

（1）電子票據：付款人通過網上企業銀行開出電子票據，在系統內聯網傳遞，收款人可即時查詢。

（2）電子背書：收款人可通過電子背書轉支付持票人。

（3）票據託管：持票人將實物商業票據（簡稱實票）或電子票據託管於銀行，並可在網上查詢託管票據狀態和信息。

（4）網上業務處理：通過網上企業銀行可辦理實票或電子票據承兌申請，託管實票或電子票據的貼現及贖回、托收、質押、實票撤銷託管等各類票據業務。

3.2.3　交通銀行

交通銀行的線上供應鏈金融經歷了一個由傳統到現代的轉變：由最開始的傳統物流金融服務到創新物流金融服務，到電子供應鏈服務，到最後的商票快捷貼現服務方案。

交通銀行的電子供應鏈服務金融中，借助網銀、銀企直聯等渠道，銀行與核心企業系統對接，為核心企業及其上下游提供結算、融資和信息管理等一攬子金融服務，主要包括七大模塊（見圖3.6）。

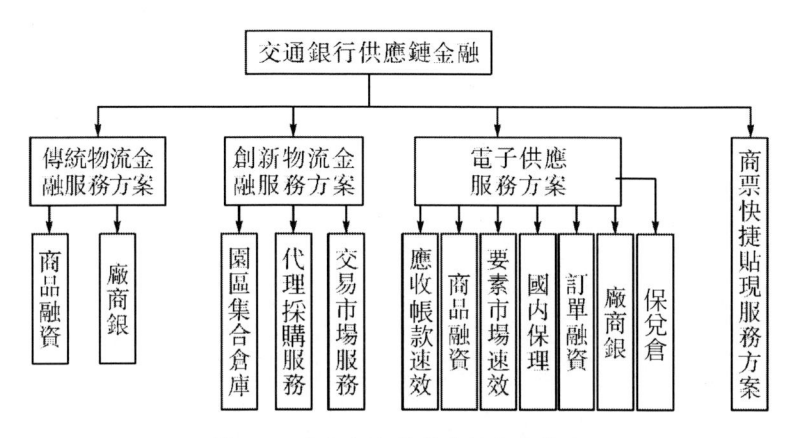

```
                        交通銀行供應鏈金融
     ┌──────────────┬──────────────┬──────────────┐
  傳統物流金        創新物流金        電子供應          商
  融服務方案        融服務方案        服務方案          票
                                                    快
 ┌────┬────┐   ┌───┬───┬───┐  ┌──┬──┬──┬──┬──┐    捷
 商    廠    園   代   交   應   商   要   國   訂   保    貼
 品    商    區   理   易   收   品   素   內   單   兌    現
 融    銀    集   採   市   帳   融   市   保   融   倉    服
 資          合   購   場   款   資   場   理   資          務
             倉   服   服   速        速                   方
             庫   務   務   效        效                   案
```

圖 3.6　交通銀行的供應鏈金融模式

商品融資模塊是通過與大型物流監管公司系統直聯，為客戶實現商品融資業務在網上的全流程電子化操作，即在交行網銀上完成商品出質、貸款申請、還款、續存保證金、提貨申請等一系列操作（見圖 3.7）。應收帳款池融資模塊是通過與核心企業系統直聯，為客戶實現應收帳款融資業務在網上的全流程電子化操作，即在交行網銀上完成應收帳款質押、貸款申請、銀票入票據池質押、款項進保證金帳戶質押、銀票到期自動托收、保證金還款等一系列操作。

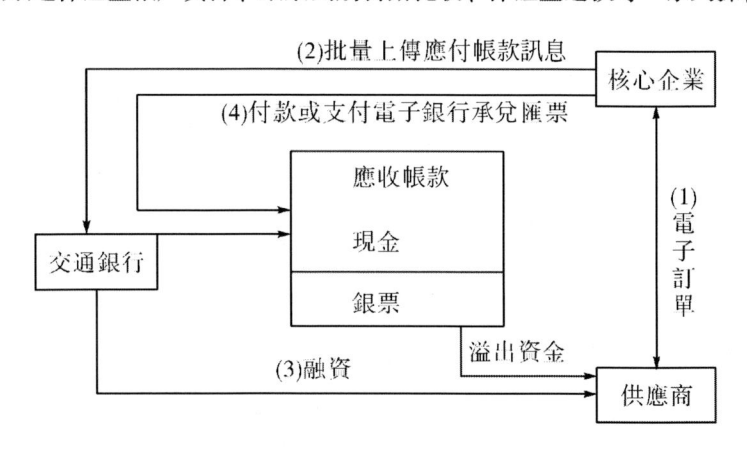

圖 3.7　交通銀行電子供應鏈服務流程

交通銀行對互聯網供應鏈金融進行了改進，促進其健康發展，力求供應鏈融資方式的多元化。

總之，幾乎各個商業銀行都在線上不斷地嘗試和改進供應鏈金融及其創新模式與操作流程。有的商業銀行甚至把發展線上供應鏈金融作為未來主營業務

3　互聯網+商業銀行+中小企業供應鏈融資模式創新研究　53

新的盈利模式的重心，比如平安銀行。可以說，未來商業銀行的業務離不開互聯網，也離不開產業供應鏈。

3.3　本章小結

本章研究了「商業銀行+線上供應鏈金融（OLSCF）」的幾種常見中小企業融資創新模式，詳細介紹了這些創新模式的業務流程及其應用，並利用SWOT分析方法分析了中小企業「商業銀行+線上供應鏈金融（OLSCF）」的創新模式可能面臨的優勢、劣勢、機會和挑戰。最後，通過中信銀行、招商銀行、交通銀行的案例介紹說明了商業銀行線上供應鏈金融在現實生活中的具體應用，分析了「商業銀行+線上供應鏈金融（OLSCF）」的未來發展趨勢。

4 互聯網+大數據+中小企業供應鏈融資模式創新研究

　　互聯網金融（Internet finance，簡稱 IF）是 21 世紀的產物。互聯網金融主要是基於計算機技術、第三方支付、雲計算、大數據等一些以互聯網為媒介的融資模式，比如我們所知道的「P2P」就是其中的一種互聯網金融創新模式。隨著互聯網技術的發展與進步，互聯網對人類生活的影響不斷加深，人們對互聯網金融的依賴程度也越來越深。就中國而言，互聯網金融同樣產生了重要作用，比如餘額寶的推出，使很多市民將自己閒置的資金放進去以獲得更多的收益。但是在產業領域互聯網金融需要與供應鏈金融（SCF）結合起來，才能發揮各自的優勢，降低運作風險，有效管理運作資金。

4.1　基於線上 B2C/B2B+大數據+供應鏈的融資模式

　　毋庸置疑，這是一個全新的時代，一個數據為王的時代。大數據時代已經來了，已經深入我們日常生活的方方面面。亞馬遜創始人貝索斯對大數據更是異常熱衷，他將大數據比喻為我們這個時代的石油。這意味著，在貝索斯看來，大數據已經成為推動我們這個時代的動力源，是我們社會經濟大發展的動力之一。更有學者指出，大數據的價值遠遠超過了石油。石油是非再生資源，不可二次使用；而大數據則不同，不僅可以二次使用，還可以重複使用，而且越久遠的數據越彌足珍貴，越具有重大的價值。大數據本身並不能產生價值，但是，大數據是某些產業發展的必備要素，是很多產業的價值基礎。總之，在大數據時代，大數據就如同陽光、空氣、水一樣，已經成為我們生活的必要因素，更是通信等行業的安身立命之本。

認識大數據，用好大數據，讓大數據的潛在價值發揮出來，最終轉化為動能。在筆者看來，大數據要具備如下特徵，才能真正發揮有效的作用。首先，基礎數據的真實性。保證數據的真實性，尤其是基礎數據的真實性。當前，吞吐量、貨運量、倉儲設施、投資額、主營收入等數據都存有水分。數據的真實性是數據能否發揮自身價值的基礎或者說基石。其次，數據要能聚成正面指標。數據具有兩面性：如果正確使用，則效果良好，價值巨大；如果誤用，則負面影響重大。數據本枯燥雜亂，但形成指標後便具有生命力。設定指標，確定指標間的關係，收集事物發展的規律和路徑，防止負面影響，因為數據的負面影響是信息污染，可能影響判斷。再次，數據體系之間要相互融合。因為數據為王，所以各個主體均有自己的數據收集渠道，且介於利益的原因，各自為政，不願分享，導致各種數據割裂，沒有形成一個有機的整體，所有的數據不能得到良好的整合，不能形成合力，不能發揮大數據應有的價值。最後，大數據要精準無誤。只有足夠的真實和精準，才能為我們提供具有足夠信任度的標準。只有精準，才能為決策做出可供參考的價值，才能在現實中發揮作用，提供正向的價值。

　　大數據具體的處理方法眾多，但常規意義上的處理流程可以分為四步，分別是採集、導入和預處理、統計和分析，以及數據挖掘。整個大數據的處理流程必須滿足這四個步驟，才能算得上是比較完整的大數據處理方式。大數據時代處理數據建立在對數據的全面處理上，並非基於精確，而是基於效率；只是關心其關聯性，並非關注其因果關係。大數據所做的一切，就是為了預測，即將數學算法運用到海量的數據上來預測事情發生的可能性。從該角度來看，大數據並不製造答案，而是答案的搬運工。在供應鏈金融領域，大數據其實就干三件事：融資、放貸款、控制風險。

　　供應鏈金融是一種財務融資的金融服務業務，它的抵押物不是固定資產，而是應收帳款、預付款或者存貨的流動資產，它管理的是供應鏈的資金往來。作為一項金融創新業務，與傳統信貸業務相比其最大的差別在於：它是利用供應鏈中的核心企業、第三方物流企業的資信能力來緩解金融機構和中小企業的信息不對稱矛盾，解決中小企業融資、抵押、擔保等資源匱乏問題。在整個鏈條裡，核心企業的信用風險是主要的風險源，做好信用風險的控制非常重要。而核心企業和這個鏈條中的其他企業之間的交易則需要被監督，以確保金融機構不向虛假業務融資。

　　另外，還要對下游的經銷商、客戶進行多數據、多維度的綜合信用管理。通過穿透式的排察、趨勢的預測、風險的量化，提供整個供應鏈企業的畫像，

包括複雜網絡的關聯圖譜、智能風險識別、分析、量化，還有即時的監控和預警，創新性地去實現基於大數據的供應信用貸，基於 POS 機收單的流水信用貸，基於大數據的消費信用貸，改變傳統業務模式，重塑風險量化體系，從而為整個產業的風險量化提供決策的依據。

毋庸置疑，大數據風控是互聯網金融和傳統金融風控的發展趨勢。新金融時代，傳統數據庫重貸前風控的模式已不能滿足新時期的需求。基於大數據技術做即時處理，建立高效的貸中、貸後風控以及反詐欺體系就是供應鏈金融的核心命題。大數據對供應鏈的具體作用，主要表現為：

首先，用於判斷需求方向和需求量。供應鏈上的企業，存在著緊密的關聯關係。終端消費量的變動，必然會引起上游各環節的變動。在大數據時代，大數據可幫助我們判斷一系列變動背後的規律。同時，我們還可以把一定時期內的流通和消費看作一個常量，而將地區、方向、渠道、市場的分配作為變量。

其次，用於目標客戶資信評估。利用大數據，可以對客戶財務數據、生產數據、電水消耗、工資水準、訂單數量、現金流量、資產負債、投資偏好、成敗比例、技術水準、研發投入、產品週期、安全庫存、銷售分配等進行全方位分析，使信息透明化，以客觀反應企業狀況，從而提高資信評估和放貸的速度。只看財報和交易數據是有風險的，因為可能造假。

再次，分析風險、警示和控制風險。大數據的優勢是行情分析和價格波動分析，盡早提出預警。行業風險是最大的風險，行業衰落，行內大多企業都不景氣。多控制一個環節、早預見一天，都能有效降低風險。

最後，精準金融和物流服務。在筆者看來，貸款時間、規模、用途、流向、倉儲、運輸、代採、集採、貨代、保兌、仲介、擔保一體化營運，都是建立在大數據基礎之上的。

從供應鏈金融的發展趨勢來看，供應鏈金融正在向著信用擔保與實物擔保方向發展，這就需要大數據作為支撐。第一，從信用擔保發展方向來看，電商企業根據自己掌握的數據，對客戶的業務、信用進行分析，在安全範圍內提供小量、短期融資，把沉澱在網上的無成本資金盤活。電商規模越大，沉澱資金越多。如果加上吸收存款功能，就變為金融機構。在大數據的引導下，銀行業也會釋放出這種靈活性。這樣，信用擔保就不僅僅限於大企業，而且可用於中小企業，業務範圍將大大擴展。第二，向著實物擔保方向發展。任何時候，實物擔保都不可或缺，它是電商融資和銀行融資的安全底線。要保證實物的真實性和安全性，需要物流企業配合，成為商貿、金融和物流三方合作建設的供應鏈金融平臺。平臺是大數據的匯集者。交易平臺與物流平臺集成、支付系統集成、交易融資系統集成，達到信息流、資金流、物流、商流的無縫隙連接，確

保交易資源真實可靠、貿易行為真實可靠、擔保物變現渠道暢通、擔保物價格波動即時監控等。

總之，只有以大數據為支撐，才能使供應鏈金融良性、正向發展；只有將大數據與供應鏈完整結合，才能使供應鏈金融良性發展。擁抱大數據，才能有供應鏈金融的美好未來。

4.1.1 阿里巴巴的小額融資模式

隨著電子商務的興起和不斷壯大，中小企業在市場上所占的份額越來越大，而各種銀行針對中小企業的融資方案尚不完善，所以為了推動中小企業的發展，滿足中小企業融資的需求，一種基於B2C的供應鏈金融融資模式應運而生。

電子商務平臺提供給中小企業融資的渠道，中小企業提出申請融資，平臺根據自身的信用評估體系判斷是否給這個企業融資，確定融資後根據信用等級提供相應的融資額度。具體流程見圖4.1。

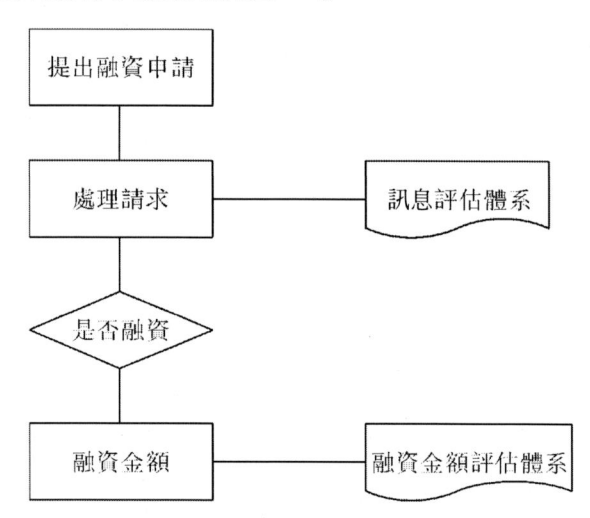

圖4.1　互聯網+大數據+中小企業供應鏈融資模式流程圖

阿里巴巴企業旗下包括淘寶網、天貓、聚劃算、一淘等面向大眾的電子商務平臺，旗下的現金平臺有支付寶作為支撐。阿里巴巴於2010年成立小額貸款股份有限公司，協助阿里巴巴開展淘寶小貸和阿里小貸這兩項業務。

這兩種貸款的特徵是貸款門檻低、貸款較少、相對靈活。淘寶小貸的主要支撐平臺為B2C平臺，阿里小貸的主要支撐平臺為B2B平臺。

阿里小貸流程如下：

（1）貸前。根據企業電子商務經營數據和第三方認證數據，辨析企業經

營狀況，反應企業償債能力。

（2）貸中。通過支付寶及阿里雲平臺即時監控商戶的交易狀況和現金流，為風險預警提供信息輸入。線上行為包括社區活動、在線交易、增值服務、產品發布、企業基本資料。線下行為包括銀行流水、經營模式、財務狀況、家庭情況等。

（3）貸後。通過互聯網監控企業經營動態和行為，可能影響正常履約的行為將被預警；貸後監控和網絡店鋪（帳號）關停機制可提高客戶違約成本，有效控制貸款風險。

4.1.2 蘇寧的供應鏈金融

蘇寧由傳統的線下企業發展成為現在的電商企業，實現了從線下企業到線上企業的轉變。蘇寧的供應鏈金融雖然發展較晚但是發展較快。蘇寧的供應鏈金融主要服務的是自己的供應商，因此主要是 B2B 形式。

4.1.2.1 蘇寧的供應鏈金融概述

（1）發展歷程。2011 年，蘇寧提出了佈局供應鏈金融的戰略規劃，同年獲得第一張第三方支付牌照；2012 年 12 月，香港蘇寧電器有限公司與蘇寧電器集團共同出資發起設立「重慶蘇寧小額貸款有限公司」，推出「蘇寧小貸」。

（2）產品介紹。蘇寧小貸的產品有「省心貸」和「隨心貸」兩種。其中「省心貸」固定借款期限最長 90 天。而「隨心貸」採用的是隨借隨還的形式，能夠滿足供應商短期資金需求。2014 年，蘇寧推出「供應商成長專項基金」，以 10 億的資金規模幫助供應鏈中的中小微企業實現融資。蘇寧供應鏈金融服務主要開展訂單融資、庫存融資以及應收帳款融資等基於真實貿易的融資服務。除了「蘇寧小貸」融資業務之外，蘇寧與交通銀行、中國銀行、光大銀行、花旗銀行、渣打銀行、平安銀行、匯豐銀行等合作推出的「銀行保理」，已成為國內互聯網金融的後起之秀。

（3）概述。蘇寧的供應鏈金融主要面向的是中小微企業。由於蘇寧和供應商之間良好的合作關係，銀行作為出資人憑藉蘇寧良好的商業信譽向蘇寧供應商進行融資。蘇寧根據自有的貸款結合銀行提供的金融產品，滿足供應商不同層次的信貸需求。

4.1.2.2 蘇寧的供應鏈金融的方式

蘇寧的供應鏈金融的融資方式：採購訂單融資、入庫單融資、結算清單融資和到期付款四種方式（見圖 4.2）。其中採購訂單融資和入庫單融資還處在開發階段，現在蘇寧大部分採用的是結算清單融資。

```
採購訂單融資 → 入庫單融資 → 結算清單融資 → 到期付款
     ↓              ↓              ↓
   開發階段                     主要方式
```

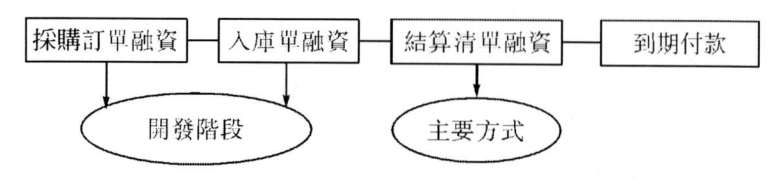

圖 4.2　蘇寧供應鏈金融融資方式及所處的階段

蘇寧供應鏈融資的操作流程如下：

（1）會員註冊：供應商登錄 SCF 平臺，成為蘇寧供應鏈融資俱樂部的資質會員。

（2）申請融資：選擇個性化的融資產品及合作銀行，與銀行簽約後，點擊「融資申請」發送融資指令到銀行。

（3）銀行發放融資：銀行根據供應商資質決定放款金額並發放貸款。

（4）到期付款：蘇寧到期按結算清單金額付款給供應商融資專戶，銀行扣除供應商融資金額，與供應商進行尾款結算。

蘇寧的結算清單融資見圖 4.3。

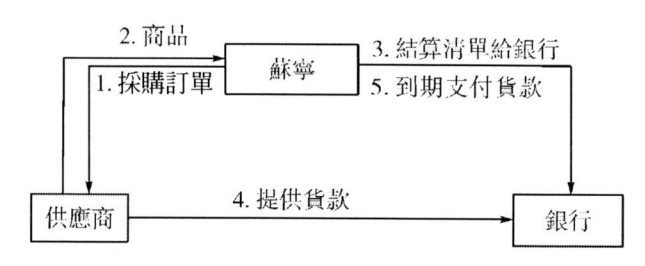

```
                2.商品          3.結算清單給銀行
         ┌──────────→ 蘇寧 ──────────────→
         │ 1.採購訂單        5.到期支付貨款
         │                                    │
      供應商 ──────── 4.提供貨款 ──────→ 銀行
```

圖 4.3　蘇寧結算清單融資

蘇寧的結算清單融資模式類似於供應鏈金融中的應收帳款抵押，上游的供應商企業在生產產品的時候需要根據蘇寧的訂單從事生產活動，在生產過程中供應商有採購訂單但沒有生產資金，在資金短缺的情況下憑藉應收帳款向銀行申請貸款。蘇寧將結算清單給銀行，銀行根據單據來確定融資額度，蘇寧支付訂單的交易額給銀行，這部分相當於還清了供應商向銀行的借款，蘇寧的訂單可以保證上游的供應商將產品賣出去，降低了銀行的信用風險。

4.1.2.3　對蘇寧供應鏈融資的分析——與銀行信貸相比

與銀行信貸相比，蘇寧的供應鏈融資的不同之處見表 4.1。

表 4.1　　　　　蘇寧的供應鏈金融與銀行信貸的比較

蘇寧的供應鏈金融	銀行信貸
1. 供應商將其應收帳款質押或轉讓給銀行，無需抵押、無需擔保，快速獲得融資	1. 供應商需提供抵押物（如房產等）或者尋找擔保，流程繁雜，放款速度慢
2. 電子化操作，滿足供應商快、急、短、頻的融資需求	2. 大量手工操作，無法滿足供應商的快、急、短、頻的融資需求
3. 多次出單，多次融資，供應商可操作性強、靈活度高	3. 融資方式單一，不靈活
4. 業務不受供應商所在地域限制，可為更多企業服務	4. 受銀行貸款屬地化限制

4.1.2.4　蘇寧的供應鏈融資的優勢

（1）專業的供應鏈融資產品設計團隊，對供應商一對一服務，提供個性化的融資產品及方案。

（2）專門的供應鏈融資平臺（SCF），與多家銀行系統進行無縫對接，保障供應商快速、簡便融資。

（3）與中資、外資等多家銀行合作，現金池充分，為供應商提供融資保障。

（4）中小企業無需擔保，無需抵押，快速從銀行獲取流動資金。

4.1.3　京東的供應鏈金融服務平臺

2012 年 11 月 27 日，京東和中國銀行北京市分行簽訂戰略合作協議，上線京東的供應鏈金融服務平臺。該平臺結合了京東商城供應商評價系統、結算系統、票據處理系統、網上銀行及銀企互聯等電子渠道，向商家提供採購、入庫、結算、擴大融資四方面融資產品。

京東的金融服務包括 B2B 和 B2C 兩部分：B2B 部分是向供應商提供融資和投資服務。B2C 部分主要是面向普通用戶推出金融頻道，包括面向普通消費者的保險、理財、黃金、信用交易等。

京東的供應鏈金融服務平臺操作流程如下：

（1）供應商獲得授信。京東商城與銀行合作，用京東的信用做擔保，從銀行獲得授信。

（2）供應商向京東送貨。取得授信額度的供應商，完成對京東的送貨後，即可與京東對帳。

（3）京東給銀行指令。京東與供應商對帳，核對無誤後，京東給銀行指

令，銀行將貨款金額提前給供應商結清。

(4) 京東到期付款。待帳期規定結款日，京東將貨款（本金）還給銀行，而供應商則需要支付銀行7%的年利率。

4.2 其他民間融資：信息數據平臺+線上供應鏈金融模式

4.2.1 線上P2P供應鏈金融借貸創新模式與投資人影響因素研究

1. 線上P2P供應鏈金融借貸創新模式

線上P2P（peer to peer）供應鏈金融模式是對傳統融資模式的一次根本性創新。傳統的P2P的融資模式屬於傳統民間借貸模式的一種，它建立在人際交往的社會網絡關係基礎之上，借貸雙方在現實生活中往往是長期交往，並有良好的信任關係。線上P2P供應鏈金融模式則顛覆了傳統的人際交往信任模式，它建立在信息的收集與信息的處理之上，通過數據的傳送、數據庫的共享，來判斷資金供給雙方的資信情況。線上P2P供應鏈金融模式的建立並不依賴於人際交往過程，而是更多地依賴於借貸雙方的網絡信息，依靠的基礎條件發生了根本性的變化。中小企業P2P融資模式使得中小企業融資的渠道更加多元化，特別是讓那些著重關注產品的創新與開發、較少關注社會關係網絡的中小企業能獲得更多的生存機會。

線上P2P是互聯網時代的代表性技術，使用者可以從對方獲取數據，使網絡從一對多變成多對多的真正網絡，數據資源開始呈爆炸性增長。線上P2P是指有資金和理財投資想法的個人，通過合格的仲介機構、電子商務專業網絡平臺搭橋牽線，以信貸的方式將資金借給貸款的需求者。在互聯網金融融資模式下，金融媒介相當於服務器，而借貸雙方如同向服務器提供和下載數據的用戶。通過線上P2P技術，能使借貸雙方繞開服務器（線上徵信系統或資本市場）直接交易，實現真正的金融脫媒。

(1) 中國各中小企業可以將企業融資需求信息放於互聯網平臺上，依靠大眾對供應鏈上核心知名企業及上下游企業的信任，將線上核心企業對本企業的財務狀況、市場行銷狀況、風狀況險、線上徵信系統對本企業的信用評價等信息共享於借貸平臺上，投資者可以根據自己的綜合判斷選擇投資意向。

(2) 由於線上P2P金融還沒有成熟制度和法律等的監管，可能存在一些非法集資行為（如卷款私逃等），造成了許多不良的社會影響。大眾投資人常常不信任P2P融資平臺，許多人不敢通過此種途徑向中國中小企業貸款，造

成此種融資方式不景氣。因此，P2P供應鏈融資平臺可以由各地金融機構主辦，政府輔助創建，向通過此平臺融資的相關中小企業收取一定的佣金，依此來維持平臺的正常運作。中國中小企業自己設計並管理屬於自己的「小店鋪」，降低金融媒介的風險性，鼓勵直接融資形式的普惠制金融創新。

2. 基於因子分析、神經網絡，逐步迴歸對P2P的投資因素的研究——以湖北襄陽市為例

（1）P2P網絡借貸研究的概念模型。

綜合國內外研究成果以及國內學者的一些看法，為了研究需要，我們可以做出如下P2P網絡借貸中投資者影響因素的概念模型（見圖4.4）：

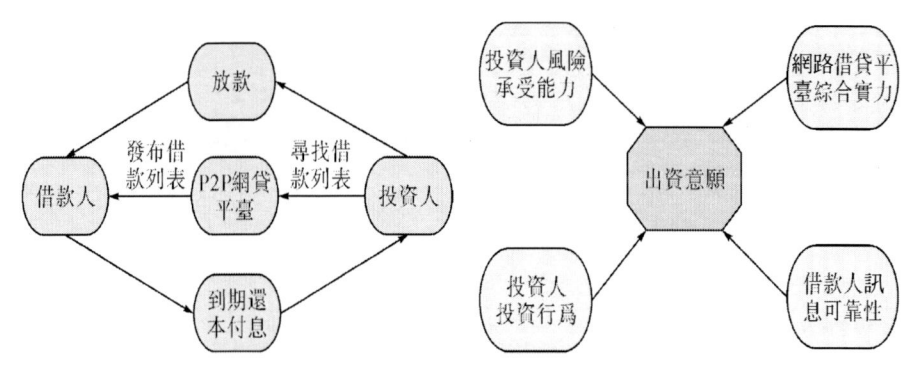

圖4.4 P2P網路借貸中投資者影響因素概念模型

通過上述P2P網絡借貸概念模型，將影響因素分為四大類型，提出如下理論假設：

第一，投資者的風險承受能力與投資人出借意願呈正相關關係。

第二，投資者個人投資理財行為與投資人的出借行為呈正相關關係。

第三，網絡借貸平臺綜合實力與投資人出借意願呈正相關關係。

第四，借款人信息描述的可靠性與投資人出借意願呈正相關關係。

（2）問卷的設計和發放。

本研究的問卷設計除了借鑑學者已有的研究成果外，還根據P2P網絡借貸本身特點對具體問題進行設計，並通過預調查不斷完善問卷，問卷每個潛變量都設有兩個及以上的測量問項。此外，問卷還必須通過信度和效度檢驗，均能應用於實證研究。本次調查問卷分為三個部分：第一部分是襄陽市居民基本情況；第二部分是襄陽市居民理財行為；第三部分是投資人綜合影響因素的量表，也是後續分析的主成分變量。問卷中分別採用了單選題、多選題和李克特量表定序三種題型。問卷初稿設計了40個問題，通過匯總預調研過程中被調

研者的反饋意見以及進一步分析問卷預調研數據最後決定刪減 6 道題目，問卷定稿最終保留了 34 道題目。本次調查採用面訪式調查方法，隨機向襄陽市區居民發放 200 份調查問卷，回收有效問卷 171 份，問卷有效回收率達到 85.55%。

（3）P2P 網貸影響因素樣本的描述性統計分析。

投資人個人特徵分析：

第一，性別（見表 4.2）。男士占被調查人數的比例是 51%，女士占被調查人數的比例是 49%，性別比例接近於 1：1。

表 4.2　　　　　　　　　問卷調查樣本性別分佈

性別	人數	比率
男	87	51%
女	83	49%

第二，年齡（見表 4.3）。年齡在 25 歲以下的居民約占被調查者總數的 24%。年齡在 25～35 歲的比例為 46%，約占調查人數的一半，為本次調研的主要群體。年齡在 36～46 歲的人數為總數的 15%。年齡在 46 歲以上的比例為 15%。

表 4.3　　　　　　　　　問卷調查樣本年齡分佈

年齡	人數	比率
25 歲以下	40	24%
25～35 歲	79	46%
36～46 歲	26	15%
46 歲以上	26	15%
累計	171	100%

第三，樣本戶籍結果狀況。在調查樣本中，75% 為城鎮居民，25% 為農村居民，城鄉比例為 3：1，說明此次調研對象中，城鎮居民居多。

第四，學歷（見表 4.4）。在被調群體查中，學歷在高中及以下的群體占 31%，其所占比重比較高，學歷為專科的所占比例是 27%，超過總體的四分之一；學歷為本科的所占比例是 35%，比重最大；學歷在本科以上的比例最小，為 7%，可推斷出，襄陽市居民受教育水準總的來說還是比較高的。

表4.4　　　　　　　　　　問卷調查樣本學歷分佈

最高學歷	人數	比率
高中及以下	53	31%
專科	46	27%
本科	60	35%
本科以上	12	7%
累計	171	100%

第五，職業分佈狀況（見表4.5）。襄陽居民的職業種類很多，但分佈不均勻，有30%是不便分類的其他從業人員；商業、服務業居民達24%；專業技術人員占20%；18%居民的職業是國家機關、黨群組織、企業、事業單位的負責人；農、林、牧、漁、水利業生產人員和軍人所占比例較少。

表4.5　　　　　　　　　　問卷調查樣本職業分佈

職業	人數	比率
國家機關、黨群組織、企業、事業單位的負責人	31	18%
專業技術人員	34	20%
商業、服務業人員	40	24%
農、林、牧、漁、水利業生產人員	2	1%
生產、運輸設備操作人員及有關人員	6	4%
軍人	5	3%
不便分類的其他從業人員	52	30%
累計	170	100%

第六，樣本月均閒錢狀況（見表4.6）。月均可支配閒錢在500元以下的比率是16%，501~1,000元的比率是22%，1,001~2,000元的比率是19%，2,000元以上的比率是43%。從總體來看，襄陽大多數居民的可支配閒錢都在2,000元以上，襄陽市居民的經濟水準較為樂觀，這為居民選擇互聯網金融投資理財提供了保障。

表4.6　　　　　　　　　　問卷調查樣本閒錢分佈

月均閒錢	人數	比率
500元以下	27	16%
501~1 000元	38	22%

表4.6(續)

月均閒錢	人數	比率
1 001~2 000 元	32	19%
2 000 元以上	73	43%
累計	170	100%

第七，樣本收入狀況（見表4.7）：襄陽居民年收入在0~30,000元的比率為32%，所占比例最大，說明約有三分之一的襄陽居民年收入處於這一低水準；年收入在30,000~50,000元的比率為28%，超過四分之一的人群年收入處於中級水準；年收入在50,000~70,000元的比率為17%；年收入在70,000元以上的比率為15%，高收入群體較少。沒有收入的比例為8%，這包含一定比例25歲以下歲居民，其中包含部分在讀學生。由調查結果可知，襄陽市居民收入目前屬於中低水準。

表4.7　　　　　　　　問卷調查樣本收入分佈

年收入	人數	比率
0	14	8%
0~30 000 元	54	32%
30 000~50 000 元	47	28%
50 000~70 000 元	29	17%
70 000 元以上	26	15%
累計	170	100%

（4）信度和效度分析。

信度分析是用來測量量表的可靠性和穩定性。在李克特態度量表中常用的信度檢驗指標是 Cronbach's Alpha 系數，用來觀察問卷各項目的內部一致性。效度是反應結果能測量到所有對象的程度。本書採用 KMO 抽樣適當性檢驗，KMO 值介於0~1，該值越大，則表明變量的共同因子較多，進行因子分析的效果較好。而對於 KMO 值的標準，一般認為，KMO>0.70 即可接受，若 KMO>0.90 則代表非常好。

其中 Cronbach's Alpha 系數的計算結果為0.948（見表4.8），可見此量表信度非常好，可以進行主成分分析，在主成分中抽取主因子。

表 4.8　　　　　　　　　*Cronbach's Alpha* **信度系數**

可靠性統計量		
Cronbach's Alpha	基於標準化項的 *Cronbach's Alpha*	項數
0.948	0.949	19

針對期望影響因素的效度分析中，近似方差（*Approx. Chi-Square*）值為 2,360.148，顯著性的值為 0.000，小於 0.05。可見 *KMO* 和 *Bartlett's* 檢驗顯示效度好（見表 4.9）。

表 4.9　　　　　　　*KMO* 和 *Bartlett's* **效度檢驗**

KMO 和 *Bartlett's* 檢驗		
	Kaiser-Meyer-Olkin 衡量抽樣充足率	0.920
巴特利特球形的測試	*Approx. Chi-Square*	2,360.148
	df	171
	顯著性	0.000

從上述可靠性分析、*KMO* 和 *Bartlett's* 檢驗的結果來看，此次調研的數據是有效的，能夠展開下面一系列的推斷性統計研究。

（5）因子分析。

通過對原始數據的觀測，首先通過對原始數據的觀測，可得 *KMO* 值為 0.920，即所有變量間的簡單相關係數平方和大於偏相關係數平方和，適宜做因子分析。巴特利特球形度檢驗值的近似卡方為 2,360.148（*df* = 15），*P* = 0.000，拒絕原假設，說明原變量之間存在相關性，適宜做因子分析。

主成分結果如表 4.10 所示，包括特徵根由大到小的排列順序、各主成分的貢獻率和累積貢獻率：第一主成分的特徵根為 9.986，它解釋了總變異的 52.556%；第二主成分的特徵根為 1.745，它解釋了總變異的 9.182%；第三主成分的特徵根為 1.086，它解釋了總變異的 5.715%。故本例選取了 3 個主成分，此時的累計貢獻率達到了 67.453%。

表 4.10　　　　　　居民選擇 P2P 產品影響因素主成分分析

成份	特徵值與方差貢獻表								
^	初始特徵值			提取平方和載入			旋轉平方和載入		
^	合計	方差的%	累積%	合計	方差的%	累積%	合計	方差的%	累積%
1	9.986	52.556	52.556	9.986	52.556	52.556	6.173	32.488	32.488
2	1.745	9.182	61.738	1.745	9.182	61.738	3.963	20.856	53.345
3	1.086	5.715	67.453	1.086	5.715	67.453	2.681	14.109	67.453
4	0.891	4.689	72.142						
5	0.808	4.254	76.397						
6	0.709	3.732	80.128						

由主成分碎石圖（見圖 4.5）可以清楚看出三個主成分貢獻率變化程度。通過計算可以得出投資可靠性的因子權重為 77.9%，投資便利性因子權重為 13.6%，投資風險因子權重為 8.5%，可以看出投資可靠性的因子權重是最大的，而投資風險因子和投資便利性因子的權重較小，這說明投資可靠性因素對投資人的投資選擇影響是最顯著的。

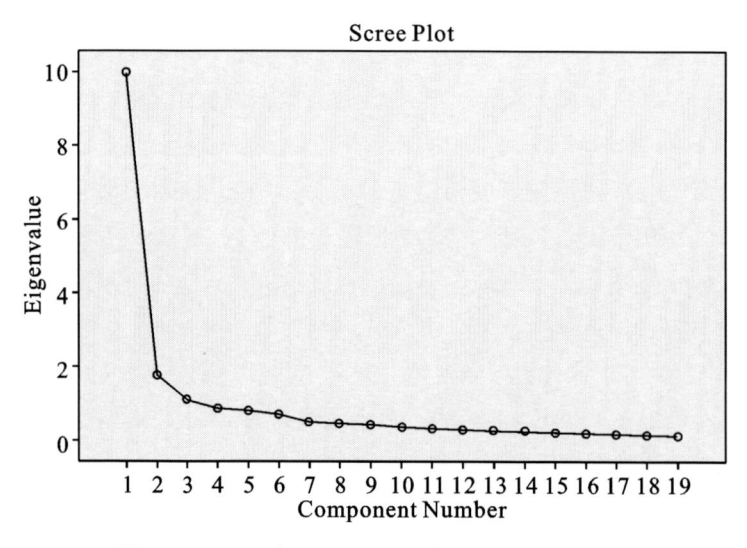

圖 4.5　居民選擇 P2P 產品影響因素主成分碎石圖

運用具有 Kaiser 標準化的正交旋轉法，得到如下旋轉成分矩陣（見表 4.11）。

表 4.11　　居民選擇 P2P 產品影響因素主成分旋轉成分矩陣

旋轉成分矩陣			
	成分		
	1	2	3
民眾口碑	0.644	0.087	0.182
資金擔保	0.612	0.239	0.388
反饋速度	0.775	0.254	0.259
平臺實力	0.771	0.201	0.268
專業化程度	0.781	0.259	0.120
規範運作	0.773	0.256	0.280
服務質量	0.777	0.268	0.106
處理效率	0.772	0.336	0.074
壞帳率	0.256	0.209	0.832
風控措施	0.308	0.191	0.814
借款用途	0.285	0.491	0.469
信用等級	0.617	0.297	0.396
還款能力	0.640	0.331	0.431
信息真實性	0.651	0.232	0.430
投資收益	0.348	0.647	0.181
投資時間	0.214	0.719	0.223
金額大小	0.156	0.842	0.069
債券可轉讓性	0.266	0.786	0.164
資金流動性高	0.250	0.801	0.182

按照「方差極大法」對因子載荷矩陣旋轉，從旋轉後的因子載荷矩陣可以看出，綜合因子 1 在反饋速度、平臺實力、專業化程度、服務質量上有較大載荷；綜合因子 2 在金額大小、債權可轉讓性和資金流動性上的載荷較大；綜合因子 3 在壞帳率和風險控制上有較大載荷，主成分的個數確定為三個。

根據上述數據分析結果，我們可以歸納出 P2P 網貸的三大類主要因素：

一是投資可靠性因素。它包含民眾口碑、資金擔保、反饋速度、平臺實力、專業化程度、規範運作、服務質量、處理效率、信用等級、還款能力和信息的真實性的信息。這些因素對於投資者來講是考量其投資是否可靠的重要因素。網絡借貸的成功率會隨著投資可靠性增強而提高，在投資決策中是非常重要的參考依據。

二是投資便利性。它包含借款用途、投資收益、投資時間、金額大小、債權可轉讓性和資金流動性的信息。投資便利性因素反應投資人在選擇某項投資項目時考察的該項目可獲得的難易程度，較強的便利性往往更容易吸引投資。因而投資項目的收益越高、投資時間越短，借貸成功率就越高。

三是投資風險。它包含壞帳率和風險控制的信息。投資風險是投資人在選擇投資項目時最直觀考察的因素，風險越高則借貸成功率就越低。它也是投資人在做投資決策時的重要參考依據。

(6) 雙隱含層神經網絡模型分析。

由於近年來投資平臺壞帳跑路的現象頻繁發生，我們進一步利用雙隱含層神經網絡模型對 P2P 投資風險進行研究：首先，將風險控制水準作為壞帳率的直接影響因子；其次，將平臺實力、專業化程度、規範運作、信用等級、信息真實性、借款用途 6 個因素作為輔助因子，平臺壞帳率作為因變量輸出端，通過 MLP 多層感知器數據運行後可以得到圖 4.6。

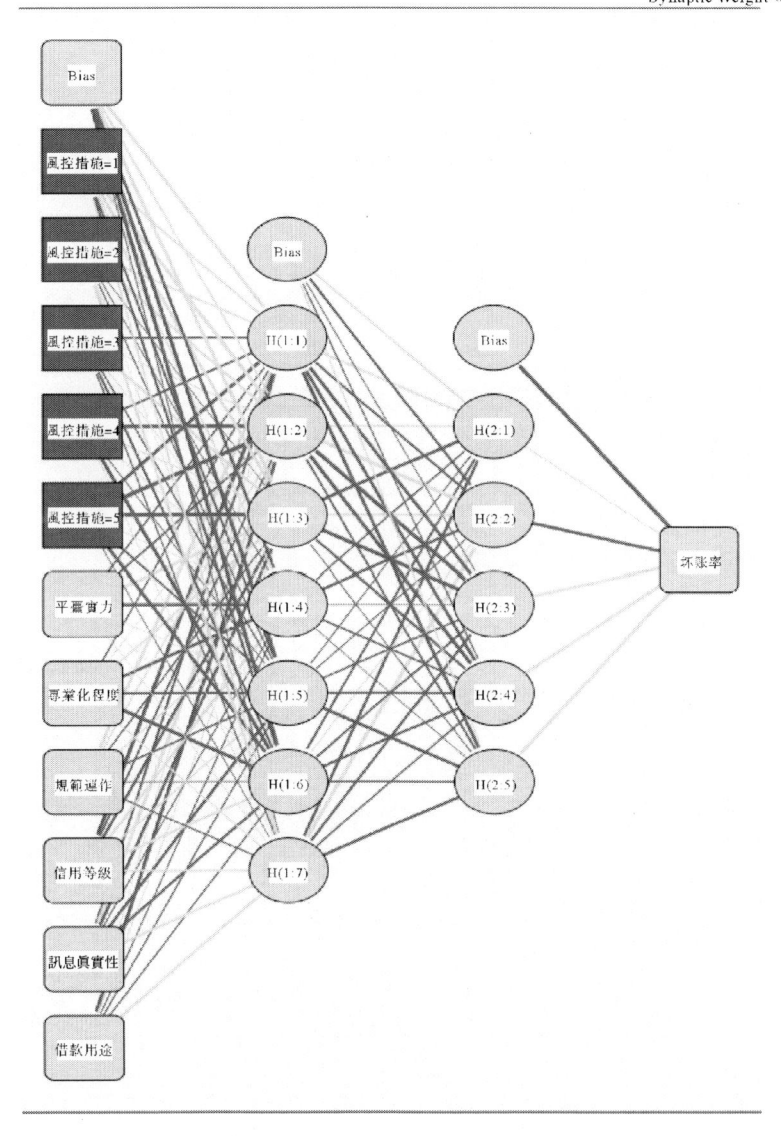

图 4.6　P2P 投資風險（壞帳率、風險控制）雙隱含層神經網絡

從圖 4.6 可以看出因素之間的交織狀態，因素之間的聯繫和權重可以通過表 4.12 得以獲知。

表 4.12　輸入層、隱藏層、輸出層因素之間的參數估計

Predictor		Predicted											
		Hidden Layer 1							Hidden Layer 2				Output
		H(1:1)	H(1:2)	H(1:3)	H(1:4)	H(1:5)	H(1:6)	H(1:7)	H(2:1)	H(2:2)	H(2:3)	H(2:4)	H(2:5)	壞帳率
Input Layer	(Bias)	0.548	0.284	0.677	-0.416	-0.671	-0.773	-0.069					
	[風控措施=1]	0.338	0.854	0.501	0.182	-0.294	-0.321	0.213					
	[風控措施=2]	0.304	0.449	-0.023	-0.039	-0.125	0.020	0.371					
	[風控措施=3]	-0.322	0.103	0.404	0.030	-0.172	-0.317	-0.149					
	[風控措施=4]	-0.298	-0.625	0.090	0.046	-0.053	-0.649	0.028					
	[風控措施=5]	-0.574	-1.41	-0.999	0.052	-0.278	-0.572	-0.038					
	平臺實力	-0.205	-0.279	0.573	-0.469	0.037	0.010	0.036					
	專業化程度	-0.180	0.011	0.356	-0.427	-0.315	-0.584	0.151					
	規範運作	0.633	0.238	-0.194	0.189	-0.226	-0.011	-0.156					
	信用等級	-0.710	-0.253	-0.427	0.457	0.231	0.356	0.236					
	信息真實性	-0.314	0.663	-0.452	-0.106	-0.423	-0.372	0.411					
	借款用途	0.023	-0.608	0.066	-0.118	-0.179	-0.170	0.458					

表4.12（續）

Predictor		Predicted												
		Hidden Layer 1							Hidden Layer 2					Output
		H(1:1)	H(1:2)	H(1:3)	H(1:4)	H(1:5)	H(1:6)	H(1:7)	H(2:1)	H(2:2)	H(2:3)	H(2:4)	H(2:5)	壞帳率
Hidden Layer	(Bias)								0.309	-0.327	-0.069	-0.149	0.204	
	H(1:1)								0.346	-0.312	-0.529	-0.520	-0.541	
	H(1:2)								0.265	0.678	-0.825	-0.661	-0.282	
	H(1:3)								-0.508	0.268	-0.681	-0.349	-0.093	
	H(1:4)								-0.210	-0.405	-0.083	-0.249	-0.036	
	H(1:5)								-0.111	-0.141	-0.225	-0.306	-0.482	
	H(1:6)								-0.302	0.096	-0.303	-0.340	-0.213	
	H(1:7)								-0.423	0.844	-0.355	-0.214	-0.433	
	(Bias)													-1.024
	H(2:1)													0.145
	H(2:2)													-0.528
	H(2:3)													0.544
	H(2:4)													0.671

從表 4.12 可以清楚地看出，輸入層的因素（風險控制、平臺實力、專業化程度、規範運作、信用等級、信息真實性、借款用途）對隱藏層各個隱含因素的參數影響的大小以及正負作用關係。同樣，也可以直觀地看出隱藏層各個隱含因素對輸出層（壞帳率重要性）的參數影響的大小以及正負作用關係。

從表 4.13、圖 4.7 可以看出，風控措施與 P2P 網貸平臺壞帳率重要性影響相關性最大，其次是信用等級、規範運作與 P2P 網貸平臺壞帳率重要性影響相關性較大，其他幾個因素也對 P2P 網貸平臺壞帳率影響有一定的影響。P2P 投資風險影響因素的重要程度如表 4.13、圖 4.7 所示：

表 4.13　　　　　　P2P 投資風險影響因素的重要程度

	Independent Variable Importance	
	Importance	Normalized Importance
風控措施	0.309	100.0%
平臺實力	0.072	23.2%
專業化程度	0.074	23.9%
規範運作	0.146	47.3%
信用等級	0.154	49.9%
信息真實性	0.113	36.6%
借款用途	0.133	43.0%

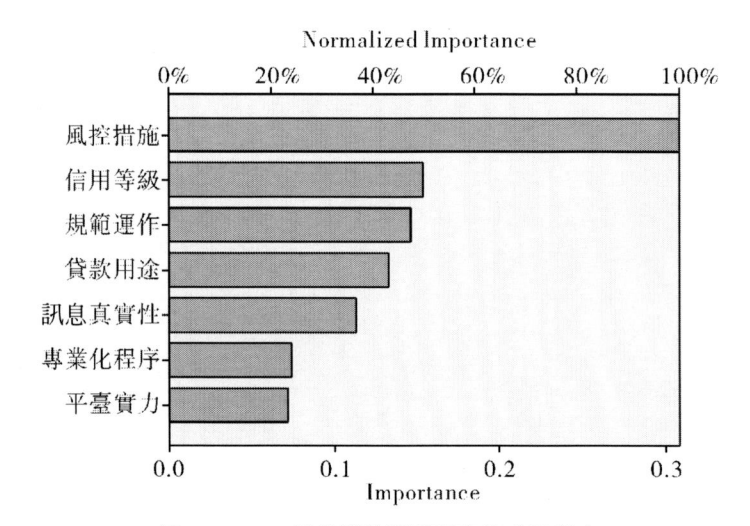

圖 4.7　P2P 投資風險影響因素的重要程度

⑦逐步迴歸法分析。

採用向後逐步迴歸法（Backward）對迴歸變量進行篩選，首先，用壞帳率對截距項以及信用等級、風控措施、規範運作等變量進行迴歸，迴歸結果見表 4.14。

表 4.14　　　　　　　　　　向後逐步迴歸法

	迴歸系數	T 檢驗
截距項	0.209	0.446
信用等級	0.065	0.290
風控措施	0.723	0.000
規範運作	0.129	0.086
R^2	\multicolumn{2}{c}{0.602}
調整後的 R^2	\multicolumn{2}{c}{0.595}

從表 4.14 可知，運用向後逐步迴歸法對原始變量進行篩選，最後留下了信用等級、風控措施、規範運作三個變量。整個迴歸方程的擬合優度為 0.602，調整後的擬合優度為 0.595，這說明整個方程的擬合效果並不好。從變量的 T 檢驗可知，在 5% 的顯著性水準下，只有風控措施通過了檢驗，截距項、信用等級和規範運作均沒有通過檢驗。同時，剔除常數項進行迴歸，結果發現剔除常數項後仍然不能通過檢驗。

最後，剔除常數項和信用等級變量後的檢驗結果見表 4.15。

表 4.15　　　　　　　　　　最優的迴歸結果

	迴歸系數	T 檢驗
風控措施	0.761	0.000
規範運作	0.201	0.086
R^2	\multicolumn{2}{c}{0.982}
F 檢驗	\multicolumn{2}{c}{4,557.093,6（0.000）}

從表 4.15 的迴歸結果可知，剔除常數項和信用等級變量後，迴歸結果更優。其中擬合優度為 0.982，整個方程的擬合效果很好。風控措施和規範運作的系數均在 5% 的顯著性水準下顯著，且通過了 F 檢驗，進一步說明了整個方程迴歸的效果很好。

設 F 為壞帳率的重要性，R_1 為風控措施重要性，R_2 為規範運作重要性，那麼迴歸方程：

$$F = 0.761R_1 + 0.201R_2 + u$$
$$(13.521)\quad(3.674)$$
$$(0.000)\quad(0.000)$$

　　從迴歸方程可以看出，居民選擇投資 P2P 平臺的風控措施重要性和規範運作的重要性與壞帳率的重要性的迴歸相關係數分別為 0.761 和 0.201。迴歸方程進一步證實了風控措施和規範運作的重要性對居民的影響都較強，但風控措施的重要性更強。

　　綜上所述，襄陽市居民選擇 P2P 產品影響因素的實證研究結果表明：

　　第一，P2P 互聯網金融作為新興投資理財方式，居民熟悉度低，傳統理財方式依然是大部分襄陽居民的首選，傳統媒介仍然充當理財信息的主要傳播方式。

　　第二，不同性別的理財經驗和年均投資次數有較大差異，理財信息關注度總體不高，並且最高學歷與年收入對年投資次數的影響相當重要。

　　第三，網貸平臺業務處理效率、服務質量、操作規範、風控措施和壞帳率受到襄陽市居民的高度重視。

　　第四，借款人信息描述的真實性以及還款能力受到投資人的普遍關注，借款人還款能力和投資人投資收益的保障程度是正相關的，投資收益和資金流動性是投資人考慮的雙重投資因素。

3. 政策及建議

　　P2P 網絡借貸創立的目的是解決中小企業的融資問題。針對實證研究得出的結論，筆者從網貸平臺、投資人及政府這三個方面給出建議。

　　從網貸平臺來看，首先，網絡借貸平臺需有針對性地加大推廣力度、多種方式分層實施；其次，網絡借貸平臺需提高綜合實力，加強 P2P 網貸平臺操作規範、提升平臺操作專業化程度、提高服務質量和信任度，只有網貸平臺的綜合實力提升了才具有更強的市場競爭力；最後，網貸平臺應定位明確、謹慎經營、規避風險、穩中前行、循序漸進、主動登記、合法經營、實事求是。

　　從投資人的角度來看，投資人應慎重投資，不可盲目追求高收益，而忽視風險。避免投資過於集中，分散投資風險，所以經濟學家的主張「不要將所有的雞蛋放在同一個籃子裡」。P2P 屬於高風險投資，投資人要慧眼識金，科學篩選網貸平臺並根據自己的風險承受能力來做選擇性的投資。

　　從政府角度來看，首先，應加強備案登記制度，這能在一定程度上杜絕違規操作，避免惡意詐騙事件的發生。相關的監管機構應及時出抬監管細則，規範整個網貸市場秩序。其次，將 P2P 借貸納入中國人民銀行徵信系統。目前，

中國人民銀行徵信中心收購的上海資信公司已與 100 多家願意合作的 P2P 網貸平臺，擬建立獨立的徵信系統。待時機成熟的時候，採取先報數後服務的方式將網站信用數據與中國人民銀行個人徵信系統對接。

綜上所述，為了促進 P2P 網絡借貸平臺健康發展，應該使網貸平臺加大推廣和提高安全性。同時，投資人應瞭解更多的金融知識，能夠甄別出各類網貸平臺信用風險的大小，能夠合理匹配風險與收益。中國政府應該健全 P2P 網貸相關的法律制度，加大打擊各類違法犯罪的網貸平臺的力度。

4.2.2 眾籌供應鏈金融模式創新

眾籌（Crowdfunding）是一種大眾通過互聯網相互溝通，並匯集資金以支持由其他組織和個人發起的活動的集體行動。企業或個人通過互聯網介紹自身的籌資需求和描述自己的項目，大眾根據情況選擇企業或個人項目進行小額的投資，並獲得一定的報酬。

作為互聯網金融領域內的眾籌行業，一直被 P2P 網貸遮擋著光芒。2014 年 12 月 18 日中國證券業協會起草的《私募股權眾籌融資管理辦法（試行）（徵求意見稿）》，以及緊跟其後的中國證券業協會公布的「8+1」首批股權眾籌會員平臺，標志著國內互聯網金融不再呈現「一邊倒」的態勢。

2014 年被業界稱為「眾籌元年」，國內眾籌募資總額為 1.88 億元，共有 1,423 起眾籌項目，參與人數超過 10.9 萬人。從數據可以看出，眾籌行業發展的市場潛力是巨大的，加之監管細則的日益明朗，使得眾籌成為 2015 年業界追捧的新寵。國內眾籌平臺的比較見表 4.16。

表 4.16　　　　　　　　國內眾籌平臺比較

平臺名稱	平臺內容	成立時間	創始人	重要投資方
天使客	TMT	2014	石俊	曾李青
大家投	多領域		李群林	創新谷
原始會		2013		
天使匯		2011	蘭寧羽	
好投網	門戶網站			
隱覓創意	設計、創意	2012		
海色網		2012		
HoBatop 眾籌				
覺 JUE. SO				

表4.16(續)

平臺名稱	平臺內容	成立時間	創始人	重要投資方
點名時間	智能硬件	2011	張佑	
淘夢網	微電影	2012		
酷望網	大學生創業			
樂童音樂	音樂			
人人投	店鋪	2011	鄭林	
中國夢網				盛大
眾籌網	多領域	2013		
創業總動員				

眾籌作為一種創新型的供應鏈融資模式，它具有一些不同的特殊運行流程（見圖4.8）。

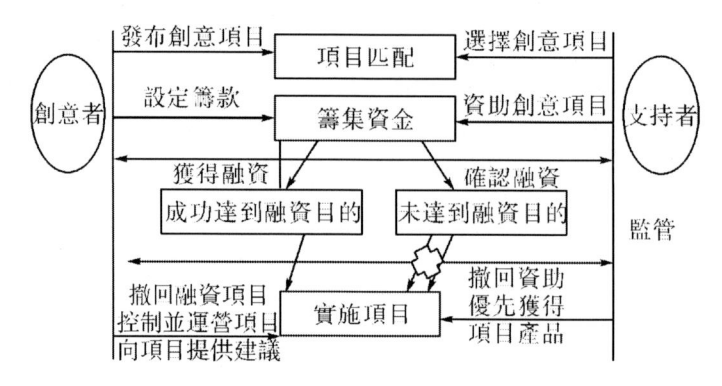

圖4.8　眾籌項目操作流程圖

4.2.3　中國信息數據平臺+線上供應鏈金融模式實例研究

4.2.3.1　P2P案例——以人人貸為例

1. P2P網貸概述

P2P網貸的英文全稱是peer-to-peer lending，也就是個人對個人。P2P網貸是P2P公司通過建立第三方借貸平臺在借款人和貸款人之間進行借貸匹配的一種直接融資模式，也是互聯網金融的幾大主要模式之一。有資質的第三方互聯網金融平臺作為仲介方，資金需求者在平臺上發放借款標獲得貸款，資金出借人在線上競標並進行放貸以獲取收益。其優勢在於借貸的整個過程中，借貸雙方不用見面，資料、手續、合同與資金等都是通過互聯網實現的。它是基

於互聯網技術發展和民間金融需求相融合而發展起來的一種新的金融模式，也是互聯網金融普惠金融理念的代表。近兩年來，國內 P2P 網貸平臺數量呈爆發式增長，並以各種模式快速崛起。經過幾年的發展，綜合實力較強的平臺有宜人貸、人人貸等。

從 2007 年借貸寶的引入至今，中國 P2P 網貸的發展經歷了幾個階段：第一階段是 2007—2012 年，這一階段是以信用借款為主的初始發展期。由於這種模式剛剛引入，缺少經營和管理經驗，這一階段以信用借款為主，P2P 平臺對借款人提供的資料進行審核，根據審核結果給予授信額度，借款人發布借款金額。第二階段是 2012—2013 年以地域借款為主的快速擴張期，這一階段是人與平臺的結合，這一階段採用的是線上融資線下放貸的模式。第三階段是 2013—2014 年快速擴張期，以自融高息為主的風險爆發期，這一階段的特點是高息高風險。第四階段是從 2014 年至今，以規範監管為主的政策調整期，這一階段國家的政策支持使 P2P 發展逐步步入正軌；與此同時，國內 P2P 企業走出國門，開拓國際市場。總結以上的階段，中國的 P2P 網貸在短短的幾年時間內發展迅速，但還是處於發展的初期，存在各種問題：平臺的盈利模式較單一、缺少監管、信用體系不完善、投資人風險較高。但是中國是一個儲蓄大國，民間資本豐富，如果 P2P 網貸的發展能夠步入規範軌道，有更多措施保護借款人的利益，將使三方都能從中獲益。

2. 人人貸概述

P2P 網貸最初誕生於 2005 年的英國倫敦。人人貸創辦於 2010 年的北京，雖然起步時間晚於國外，但發展速度較快。截至 2017 年，人人貸成交額超過 178 億元，累計交易 1,772 萬次，為用戶賺取了 16.351,6 億元。貸款方可通過人人貸網站對借款人進行信用審查並提供完善的信用管理服務，這些服務包括信用資格審查、貸中管理、對借款人進行還款提醒。人人貸發展如此迅速取決於其合理的營運模式。人人貸的創業者將客戶群體定位為工薪階層和個體工商戶，原因是：這個群體對於理財和資金短期週轉存在需求，工薪階級和個體工商戶既是借款人也是貸款人，資金的需求和供給相匹配。

為了最大程度地保證投資人的利益，減少投資風險，人人貸推出了「風險準備金」計劃。該計劃是人人貸為所有通過身分驗證的投資人提供本金和本息保障，保障金的來源有兩個：一是每一位投資人交給人人貸 2%～3% 的服務費，二是在借款人出現逾期後追回的本息及罰息。當出現逾期 30 天的帳務，人人貸就可以用風險準備金，以本金的價格收購債權人手中的債權，當債務收回後再將本息放回風險準備金，用這種方式減少投資人的損失。2012 年年底，

人人貸推出了「優選理財計劃」針對的就是想分散投資但還沒有大量時間和精力的人群。「優選理財計劃」實際上是一個自動投標的工具，在標的正式掛到網上之前優先將標的提供給加入該「計劃」的客戶，同時根據客戶已經填好的投資偏好，比如期限、金額、信用等級等幫他們自動匹配適合的標的。也就是說投資者可以一次性完成操作，每月坐等回利即可。人人貸通過系統設置，把每筆貸款的單筆投資金額控制在投資總額的5%以內，強行分散了風險。另一個特色是，人人貸於2011年成立了北京友眾信業公司，通過設立線下的實體門店尋找借款人以及進行更好的線下風控和貸後管理。也就是說，人人貸的借款人既可以來源於線上，也有很大一部分來自遍布全國的門店拓展開發的客戶群。人人貸對客戶的資質評估方式既包括單純的線上資料評估，也有面對面的資料核實以及實地考察。採用這種綜合的評價方法大大降低了投資人的風險，使逾期未還的比率大大低於同行業的平均水準。

3. 人人貸的營運模式分析

一是按借貸流程來分，P2P營運模式可分為純平臺模式和債權轉讓模式。人人貸則屬於一種綜合性的模式，即平臺模式和債權轉讓相結合。人人貸提供的借款發布和信用管理款服務屬於平臺模式，網站對借款人的信用進行審核，收取管理費用和服務費用。此外，平臺的債權轉讓則屬於債權轉讓模式。用戶可以自行轉讓資產組合中符合條件的債權。

二是按有無擔保機制來分，P2P營運模式可分為無擔保模式和有擔保模式。人人貸則屬於有擔保模式，人人貸推出的「風險保障金計劃」則為投資人提供本金保障。

人人貸運行過程見圖4.9。

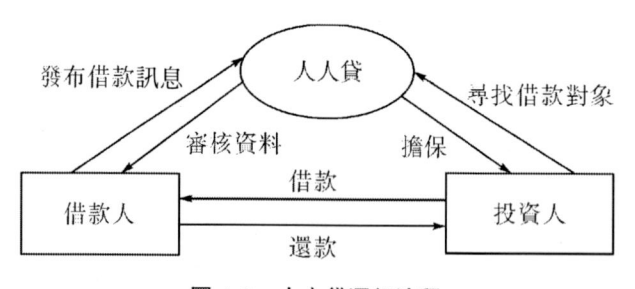

圖4.9 人人貸運行流程

4. 人人貸面臨的主要風險和隱患

根據銀監會的觀點，人人貸面臨的風險和隱患主要存在六個方面：一是與國家的宏觀調控政策背道而馳。最近國家在實施供給側結構性改革、調整過剩

產能，以及抑制房價等政策。人人貸的目的是營利，在利益的驅使下，民間資本可能流向這些行業。二是經營風險。在監管不嚴的情況下，人人貸在經營的過程中可能演變為非法金融機構。三是業務風險。由於整個借貸過程都是在網上完成，很難對借款人和貸款人的信息瞭解全面，借款人可能利用平臺洗錢，貸款人可能沒有償還能力。四是職責不清，性質不明。國內對人人貸的性質缺乏明確的法律界定，政府對其監管的職責界限不清楚。五是信用風險。高利率往往伴隨著高風險，一種風險是貸款人償還債務的信用風險，一種是平臺的風險。六是經營模式風險。人人貸採取的是房地產抵押模式進行授信，中國很多地方的房地產畸形發展，房價高於房子的價值，抵押貸款的金額高於房子的價值，如果房產泡沫發生，貸款人的償還能力會大打折扣。

4.2.3.2 眾籌——以淘寶、微信眾籌為例

小額參與和潛在投資群體量大是眾籌模式的精髓，利用互聯網碎片化和低行銷成本的優勢，降低了融資門檻並且改變了商業價值作為唯一的評判標準的準則。國內有代表性的眾籌有淘寶眾籌、微信眾籌、京東眾籌、中投眾創等。

經過幾年的迅速發展和淘汰組合，眾籌已經逐步形成以債券為載體的債權制眾籌、以股權為載體的股權制眾籌、以實物回報為目的的回報制眾籌和不求回報以捐助為目的的捐贈制眾籌等多種營運模式。國際上對眾籌平臺的研究有多種不同的聲音，參照業內比較認可的 Massolution 的一份報告，眾籌平臺可以分為以下四類：

（1）債權制眾籌（Lending-based Crowdfunding）：投資者對項目或公司進行資金投資，按照約定比例，獲得其一定比例的債權，並約定在未來某段時間內獲取利息並收回本金。以人人貸、愛投資為代表。

（2）股權制眾籌（Equity-based Crowdfunding）：投資者對項目或公司進行投資，按照事先約定，按其出資比例獲得對應比例的股權，成為公司的股東，參與公司的營運和管理，未來可能獲得一定的收益，也可能隨著項目的失敗，接受投資沒有回報的事實。以大家投、天使會為代表。

（3）回報制眾籌（Reward-based Crowdfunding）：投資者對項目或公司進行投資，獲得實物產品或服務，主要以創新科技產品和小眾服務為主，比如淘寶「MiNiK」智能插座眾籌。以淘寶眾籌、京東眾籌為代表。

（4）捐贈制眾籌（Donate-based Crowdfunding）：投資者對項目或公司進行無償捐贈，集合眾人的力量完成一個共同公益心願，獲得精神上的愉悅，而不要求任何物質回報的眾籌方式，比如騰訊樂捐為留守兒童捐贈圖書館公益項目。以騰訊樂捐、微公益為代表。

眾籌是一種創新性的以互聯網為依託的嶄新經營模式，互聯網的高密度性和快速傳播性為其帶來了廣闊的發展前景。但正是其嶄新的經營模式，使得立法進度沒能趕上其速度，導致諸多潛在的法律風險和信用風險：非法集資的風險，代持股的風險，項目真實性、合法性的風險，知識產權受到侵犯的風險，存在「公開發行證券」的風險。針對風險，可以採取的措施有：健全法律制度；建立中國的國民信用體制；在實際操作中做好風險規避；項目發起方主動提示風險和披露信息；對參與者進行金融風險普及教育宣傳。

1. 基於大數據應用眾籌案例分析——淘寶眾籌

（1）淘寶眾籌的發展歷程。

淘寶眾籌是在淘寶網 2013 年「雙十二促銷」分會場星會店活動基礎上發展而來的，2014 年 3 月借互聯網金融眾籌東風正式轉型為面向大眾的的眾籌平臺，成為淘寶獨立營運事業部。2014 年 9 月，淘寶眾籌確定了自己的產品戰略，平臺前期所進行的項目以科技、娛樂、農業、設計、公益五大塊為主，定位為一個自有、開放、平等、免費的平臺，不向項目參與者收取任何形式的管理或手續費用。截至 2015 年 4 月，淘寶眾籌上線營運一年來，平臺共籌措資金總額超過 8 億元，共計上線項目 928 個，單個項目最高累計眾籌金額為 1,208 萬元。在上線的 928 個項目中，科技類眾籌一只獨秀，總共超過 550 個，總累計金額也比較大，高達 9,070 萬元。淘寶眾籌將眾籌平臺與智能硬件完美結合，也成為網上眾多智能設備發燒友的聚集陣地。

（2）淘寶眾籌案例——車掙盒子。

車掙盒子是全球首款現金獎勵的車載智能設備，從 2015 年 1 月 7 日登陸淘寶眾籌以來，獲得了許多車友的喜愛。產品上線僅一週的時間，就獲得了 1,600 多位網友的參與。截至眾籌結束，參與人數超過 2,414 人，眾籌金額達到 477,972 元，目標達成率 95.5%，在淘寶科技類產品眾籌中成了大熱。

在車掙盒子淘寶第二輪眾籌期間，只需先行支付押金 297 元，即可獲得一套車掙出廠標配產品（車掙設備一個、OBD 延長線一根、已插入盒子的永久免費的 SIM 卡 1 張、安裝說明一份）。如果 10 個工作之日內完成安裝和註冊，並且持續使用，先行支付的 297 元會在 5 月、6 月、7 月下旬分別返還 99 元天貓點券，車主在天貓購物時可以直接抵扣現金，車掙盒子相當於免費獲得。

除了眾籌產品的大數據行銷，淘寶眾籌項目的上線審核也利用了大數據篩選技術。到 2015 年 3 月，正式運獨立營一年來，淘寶眾籌共收到超過 11,000 個項目申請，最終上線的只有 928 個，淘汰率高達 90%。國內眾籌市場有 70% 的不成功率，但淘寶眾籌上線的項目，絕大多數最後都能成功，原因就在於阿

里巴巴的大數據優勢，而芝麻信用的微信數據也已經和淘寶眾籌對接，可以完備審核擬籌款人的信用背景、誠信指數等信息。阿里的大數據跟蹤監測也為眾籌投資人增加了項目判斷的科學依據，降低了眾籌風險。

2. 基於大數據分析——微信眾籌

（1）微信眾籌的發展歷程。

2015年1月19號，「黃太吉」創始人郝暢率先在微信朋友圈發表了題為《就用互聯網思維大鬧中歐》的文章，隨後「90後」美女馬佳佳、「91助手」開發者熊俊、「易淘食」的張洋、「雕爺牛腩」的孟醒等先鋒創業者們也紛紛發文為自己上中歐創業營集資募款。有米傳媒陳第僅用短短三小時就成功募款11.8萬，引爆移動創業圈、手遊圈對中歐創業營的關注，也引起大家對微信眾籌這一做法的討論。如圖4.10所示：

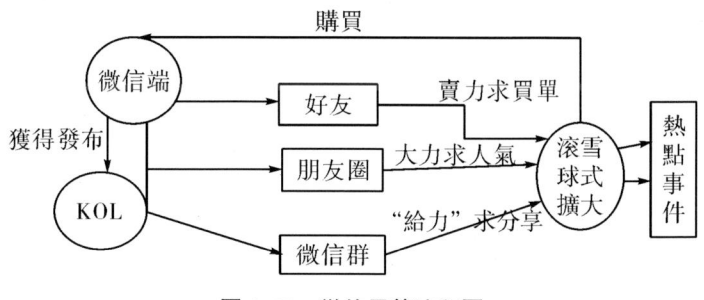

圖4.10　微信眾籌流程圖

（2）微信眾籌暖心案例。

2013年4月，揚州市周先生5歲的兒子患上了急性淋巴細胞性白血病，俗稱「血癌」，必須馬上做骨髓移植手術。但手術費保守金額就要100萬元左右，對於工薪階級的周先生一家來說，簡直就是天文數字。

無奈之下，周先生的堂姐在「開始吧」上幫忙發起了捐助活動，初設金額為30萬元，籌款期限為一個月，結果不到一天時間就籌集了30萬元，後來追加到50萬元，也很快就籌滿了。

一個眾籌平臺的透明度，也是眾籌人和用戶最關心的。

比如上面這個故事，公眾號會把每一位捐款人士的姓名和捐款金額直接顯示出來，已籌集到的資金數也一目了然。

捐款也可以直接通過微信支付、銀行卡轉帳完成，並即時更新眾籌項目的進度。當達到目標時，發起人可以通過平臺直接提現到銀行帳戶，非常高效透明。

在微信眾籌平臺中，我們經常可以看到很多這樣暖心的故事。這個平臺不單單是一個完成夢想的烏托邦，更是一個充滿愛心的公益平臺。

關於眾籌，它承載了太多人的的夢想和希望，也許，這正是眾籌的魅力所在。

4.2.4 其他線上金融平臺融資創新形式

互聯金融是對傳統金融的繼承和發展，它保留了傳統金融對風險的控制方法，但是業務操作路徑和業務成長模式都發成了根本性的變化。其中，網絡保險、網上證券等屬於金融互聯網範疇，第三方支付平臺、P2P融資模式、微信融資等屬於互聯網金融範疇。

網絡保險也稱為互聯網保險，它與傳統保險業營運效率差異很大。網絡保險業務的開展更多的是依靠海量的網絡客戶進行保險產品的推薦和銷售，它能夠不依靠人脈進行配對，而是通過產品設計和需求進行配對；不同的客戶可以輕鬆自由地在網上購買自己適合的保險產品。網絡保險將保險業務由傳統的業務推銷型轉變為業務供給型，經營業務的主體從保險員工向保險客戶發生了轉移。網絡保險業務節省了大量的人力、物力、財力，使得保險業務的成本降低，對於保險基金投向中小企業的板塊來說，中小企業融資的成本相對於傳統模式相對較低。

第三方支付是通過第三方支付仲介平臺系統達到信息流、資金流、以及物流的融合，實現信息共享、資金安全、產品安全等目的（如圖4.11所示）。國內目前常見的第三方支付平臺系統有支付寶、國付寶、物流寶、網易寶、快錢、財付通、拉卡啦、Chinabank等，國外比較知名的第三方支付平臺如PayPal、GlobalCollect、World pay、Aouthorize.net、eWAY等。第三方支付平臺系統借助現代信息網絡技術，利用大數據以及雲計算的方法，可以克服傳統金融信息不對稱問題，科學評估用戶的信用狀況，一定程度降低信貸違約風險。

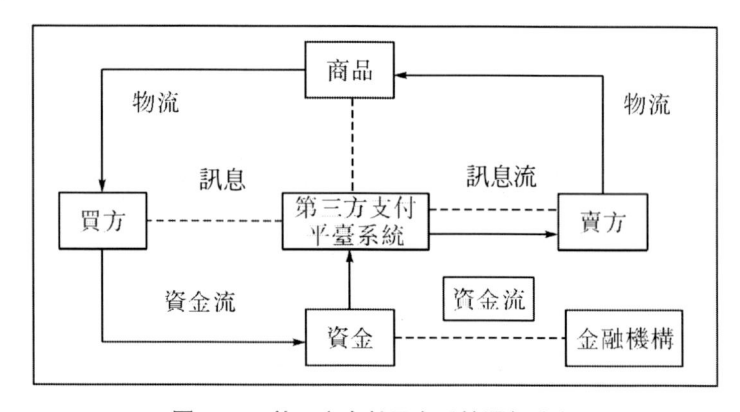

圖4.11 第三方支付平臺系統運行流程

第三方支付平臺系統可以為中小企業資金融通、產品融通、物流服務提供方便，淘寶支付寶在 2011 年就為在線商家推出了網上小額貸款業務。

網上證券與傳統票據證券不同，網上證券的購買、售出的業務操作都是依靠網上業務系統指令來完成。由於證券價格的時間波動性很大，證券客戶需要在極短的時間內完成信息的收集與信息的處理，傳統票據證券證券很難滿足現代證券業務的要求。中小企業證券發行與融資操作業務一般也是在網上進行，網絡的現代化加快了中小企業融資的效率並提高了融資成本，可以更好地滿足中小企業融資的資金需要，使金融資源的匹配性更強。

4.3 國外基於線上 B2C/B2B+大數據+供應鏈融資創新

4.3.1 UPS 公司全球供應鏈圖景

UPS 快遞（UPS Express）於 1907 年成立於美國華盛頓州西雅圖，公司最早是一家信差公司，以傳遞信件以及為零售店運送包裹起家。由於以「最好的服務、最低的價格」為業務原則，逐漸在整個美國西岸打開局面。歷經 100 多年的發展，UPS 快遞致力於支持全球商業。到目前為止，已經在 200 多個國家和地區落地，為全球 195 個國家提供物流與配送、運輸和貨運服務（包括空運、海運、陸運和鐵路運輸）以及貨運代理服務，並提供國際貿易管理和清關服務。服務範圍已經拓展至服務零配件物流、技術維修和配置、供應鏈設計和計劃、回郵管理、供應鏈管理、物流和電子商務等新領域，總資產量達到了 300 億美元。它是世界上最大的快遞承運商與包裹遞送公司，同時也是運輸、物流、資本與電子商務服務的領導性的提供者。作為全球知名企業，其商標已經成為了世界上最知名的商標之一。2016 年 5 月，福布斯公布 2016 年度全球最具價值品牌排行榜，UPS 位列第 41 位。2018 年 1 月，《財富》雜誌發布「2018 年全球最受贊賞公司排行榜」，UPS 排名第 33。

作為一家百年企業、世界上最大的包裹遞送公司以及專業運輸和物流服務領域的全球領先供應商，UPS 借助先進技術、全球資源及物理、技術和人力資源的集成網絡，提供具有強大競爭優勢的管理制度體系，不斷地超越自我，在新的歷史境遇下不斷地調整自己，讓自己總能在歷史的浪潮中成為逐浪人。在過去，UPS 在發展的過程中也經歷了很多的挫折。經濟危機是經濟運行週期中難以避免的現象，尤其在全球化的背景下，經濟危機的週期也越來越短，而且一次經濟危機發生後，其風暴往往會襲擊全球，很難幸免。對於 UPS 而言更

加明顯，目前 UPS 在全球 200 多個國家運作，經濟危機發生時影響很大。儘管如此，面對以前的多次危機，UPS 都成功克服了。並且 UPS 從最初的包裹遞送，逐漸拓展產品服務範圍，現在已成為全球領先的整體供應鏈提供商。2010—2014 年新物流出現；2000—2009 年供應鏈解決方案出抬；1991—1994 年擁抱新技術；1994—1999 年擴展服務；1999—1999 年紐約證券交易所上市；1981—1988 年 UPS 航空公司出現；1953—1974 年空運服務上線；1975—1980 年黃金連結上線；1907—1912 年信使服務上線；1913—1918 年零售時代出現；1919—1930 年普通承運人服務上線。UPS 之所以取得今天的成功，大概有三個較為關鍵的因素：一是企業文化，二是企業執行力，三是不斷的變革。可以用「變中求勝」來描述 UPS 的發展。實際上，變革的核心有四個。第一個是如何吸引和培養一支業務嫻熟、業務多元化的團隊。在 UPS，大家都擁有相同的價值觀，為公司共同的目標而努力。第二個是提供高附加值的服務，努力發展為解決方案的領導者。第三個是 UPS 的企業文化，就是以客戶為中心，持續不斷地關注客戶需求，為客戶提供有預見性的、與眾不同的解決方案。第四個是在全球範圍內倡導，不斷地追求卓越，不斷創新以加速改革的進程。

一百年的發展歷程中，UPS 總能以敏銳的眼光，站在時代的最前沿，做出創新。在物聯網金融到來的時代，這個百年大鱷同樣沒有讓我們失望，仍然走在前列，UPS 已儼然是全球供應鏈管理的翹楚。UPS 的客戶對此項專業服務的不斷需求，最終促成了 UPS 提供全方位的服務。UPS 供應鏈解決方案以其高效的組織為客戶提供了物流、全球空運、金融及郵件服務以幫助客戶並改善全球供應鏈。在 UPS，全球貨物配送和物流管理已不再是單一的貨物遞送，而兼具了信息、資金的同步協調。

近年來，中國市場越來越受到世界知名企業的青睞，更為重要的是，中國的電子商務發展很快，這也為快遞行業帶來了巨大的發展空間。作為快遞起家的 UPS，當然不可能放棄中國市場的開拓。2008 年 12 月 9 日，UPS 上海國際轉運中心啟用。作為 UPS 全球第三大轉運中心，它擁有上海地區面積最大的現場海關監管區，提供 7 天 24 小時清關服務，專門用來改善快遞以及大宗貨運的處理。該轉運中心共配備 117 條運送帶和 47 個入塢港，貨物分揀能力預計達到每小時 17,000 件。2010 年 5 月 18 日，深圳轉運中心正式啟用，標誌著 UPS 在中國完成上海、深圳雙中心運作的佈局。之前承擔亞太區轉運功能的菲律賓克拉克轉運中心基本被這兩個中心取代。2012 年 10 月 8 日，鄭州轉運中心啟用。2012 年，UPS 落戶合肥，合肥轉運中心成立。2001 年 5 月，UPS 宣布與中國著名的電子商務企業阿里巴巴合作，正式與阿里巴巴旗下在線批發電

子商務平臺「全球速賣通」結成戰略聯盟，UPS 將作為「全球速賣通」平臺的首選物流供貨商。

4.3.2　UPS 大數據+線上供應鏈金融創新模式

UPS 作為一家百年企業，最初為一家物流行業內的頂尖級企業，但它高度重視科技，充分地利用科技的力量。UPS 每年大量投入研發資金，就是為了讓 UPS 成為一家高科技含量的公司。在 UPS，科技無處不在，就是為了追求公司的高效化、自動化。在高科技的企業發展思路下，UPS 近年來產出了一系列巨大成果。無人機、近岸外包等都是 UPS 重視科技的結果。為了公司進一步地發展，UPS 並不僅僅將自己的發展領域限定在物流行業之中；恰恰相反，它將自己定位為一家高科技企業，每年的研發經費大約有 10 億美元，一部分用於新技術開發，另一部分則放在更為緊要的問題上：優化現有的物流配送業務、大數據的開發與利用。

除此之外，UPS 開始利用科技的力量，將發展的方向轉向中小型企業，助推中小型企業的發展。在 UPS，中小型企業的發展並非僅僅是單純的物流合作，更為重要的是將更多優質的中小型企業納入整個供應鏈中來，以便更好地發展其大數據+供應鏈金融。新時代，UPS 站在歷史的前端，再一次成了大數據+供應鏈金融的引領者，成了供應鏈金融的領跑者。當然，UPS 也是一步一步地走過來的。回顧 UPS 供應鏈金融的發展歷程，其初心就是為了更好地幫助其未來的發展。

1998 年，UPS 在美國收購了一家銀行，成立了 UPS 資本公司，從而有了為客戶提供包括代理收取貸款、抵押貸款、設備租賃、國際貿易融資等物流金融服務的平臺。

1999 年，UPS 在紐約證券交易所首次向社會公開發行股票，為 UPS 的長遠發展提供了資本支撐。

2001 年，UPS 併購美國第一國際銀行（FIB），並將其融入 UPSC，開始為客戶提供所謂的「IRS」服務，即包括以存貨、國際應收帳款為抵押的貿易融資等業務。UPSC 把其客戶定位為中小企業，FIB 豐富的中小企業行銷經驗為 UPSC 提供了廣闊的途徑以尋找客戶。

2002 年，UPS 成立了 UPS 供應鏈解決方案公司，將 UPS 的業務擴展到第四方物流管理。

UPS 的供應鏈管理革命早在 2003 年已經開始。標誌性的事件是，2003 年 3 月，UPS 停用了有 40 多年歷史的傳統圖案，將用絲帶捆扎的盾牌包裹圖案

換成了棕色而略帶金屬光澤的三維圖案，新圖案的寓意為信息流、物流、資金流的三流合一。如圖4.12所示：

圖4.12　UPS的logo圖案變遷

2005年，UPS在上海成立了一家金融辦事處，提供金融顧問諮詢服務，從此國際物流巨頭UPS就成為了金融物流領域的先行者，也為物流領域的發展開創了新的業務模式。

2007年，UPS旗下的UPS融資公司（UPS Capital）宣布與上海浦發銀行（長江三角）、深圳發展銀行（珠江三角）及招商銀行（全國網點）合作，推出「UPS全球供應鏈金融方案」，成為第一家在華試水物流金融領域的國際性物流快遞公司。

2008年，UPS的供應鏈金融業務在美國推出了「貨櫃融資」（Cargo Finance）服務。這項服務主要是向美國的買方提供長達60～90天的融資便利。當中國出口商將貨物交給UPS以後，UPS就會替代美國進口商將貨款預先支付給中國進口商。對於中國進口商來說，這種方式可以加速其資金週轉。

1. UPS大數據+供應鏈金融創新模式

UPS托收業務供應鏈金融圖示（如圖4.13所示）：

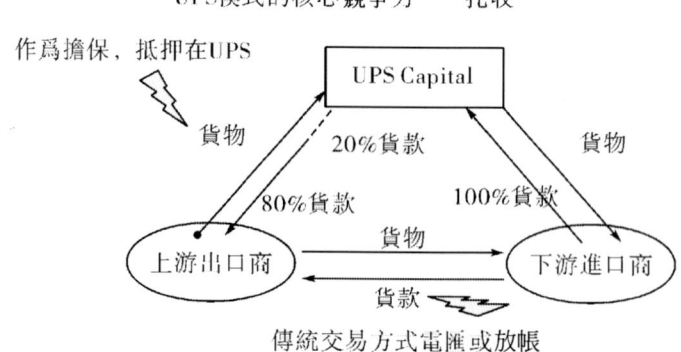

圖4.13　UPS托收業務供應鏈金融圖示

在整個供應鏈中，UPS 始終作為核心企業，掌握著整個上下游企業最全面、最完整的數據，對整個供應鏈上的企業的資信具有較為全面地瞭解與把控，簡言之，即把握著信息流的動向。因此，UPS 在供應鏈金融生態系統中屬於提供融資服務的第三方物流企業，通過共享其資金資源，與供應鏈上其他企業進行物流、信息流、資金流的互動，幫助供應鏈上的中小企業走出資金困境，更高效創造企業價值。在此過程中，UPS 自身也獲得業務增值利潤。故此，供應鏈金融，不僅可以使核心企業實現盈利，更重要的是，為整個供應鏈上的上下游企業都提供了資金，使企業的可持續發展具有了可能性。

2. UPS 大數據+供應鏈金融的特點

(1)「貨運融資」模式解決了中小企業融資難問題。

融資難成為制約中小企業發展的問題。UPS 針對那些規模不大，但資信狀況良好的中小外貿企業推出了「貨運融資」服務。中小進口企業把委託 UPS 運送的貨物作為向其貸款的抵押擔保，前期只需向 UPS 資本公司支付進口貨物總額 50% 的費用，UPS 資本公司就為其提供向供貨商付清全額貨款的融資服務，中小進口企業需在 60 天內向 UPS 償還墊付貨款和融資的費用。該融資服務把中小企業從動產中盤活，提高了企業活力，為企業創造了新的價值。在貨運融資的過程中，中小企業向 UPS 支付服務費用，但同時也獲得了高效的融資服務和物流服務，節約了時間成本。

(2)「預付貨款」模式縮短了供應商的帳期。

一般而言，供應鏈中的大型核心企業為了降低成本，往往會選擇延期支付來壓榨中小供應商的利潤，這勢必會影響供應商的資金回流，甚至可能會影響供應商的供貨能力，進而影響整個供應鏈的效率。

UPS 針對這種情況專門推出了「預付貨款」業務。UPS 所服務的大型核心採購企業，有許多中小供應商，UPS 作為溝通雙方的橋樑，與雙方達成合作協議。UPS 資本公司在兩週內先把貨款支付給供應商，合作條件是供應商的貨運以及其他物流業務均由 UPS 負責，供應商向其支付服務費用。UPS 再通過 UPS 資本公司與核心採購企業進行貨款結算，由於 UPS 負責貨物運輸，則降低了採購企業失信的風險。對於供應商來說，UPS 提供的供應鏈金融服務，使其應收帳期大大縮短，在貨物發出之後就能收到貨款，提高了資金週轉率，進而提升了整個供應鏈的營運效率，實現了價值共創。

(3)「代收到付貨款」模式增加了利潤，三方受益。

物流行業的倉儲、運輸等基礎服務的利潤率很低，供應鏈金融將物流服務和金融服務結合起來，這勢必會提升物流企業的競爭力，提高物流企業的利

潤。UPS 推出的「代收到付貨款」業務是供貨方委託 UPS 承運一批貨物，而 UPS 與收貨方也有合作協議，UPS 替收貨方預付 50% 的貨款給供貨方，當收貨方提貨時，則需把全部貨款交付給 UPS。在 UPS 把全部貨款交付給供貨方之前，存在資金運動的時間差，因此，UPS 可以利用這筆無息資金為其他客戶提供放貸服務。通過這種模式，UPS 不僅收取了基礎的服務費用，還利用資金運動的時間差，獲得新融資服務的費用，自然增加了業務利潤。

　　UPS 供應鏈服務生態系統，通過供應鏈金融這一服務創新，使得生態系統中的中小企業解決了融資難的問題，使供應商縮短了帳期，提高了資金週轉率，而 UPS 自身則提升了競爭力、提高了企業利潤，因而參與供應鏈金融的各方實現了價值共創，提高了整個供應鏈系統的效益。不難看出，UPS 在其開展的物流金融服務中，兼有物流供應商和銀行的雙重角色。首先，就上游出口商而言，由於無須向銀行融資，可得到及時的現金流，能提高資金的週轉率和變現能力，減少了應收帳款額，可用這筆錢擴大生產、銷售。UPS 再通過 UPS 銀行實現與進口商的結算，而貨物在 UPS 手中，也不必擔心進口商賴帳。其次，就下游經銷商而言，銀行為其提供融資便利，減緩全額購貨的資金壓力。買方可以通過大批量的訂貨獲得生產商給予的優惠價格，降低銷售成本，提高銷售能力。

　　3. UPS 大數據+供應鏈金融的優勢

　　（1）整個融資過程中，抵押物（存貨）始終掌控在 UPS 手中，從而最低限度地守住了違約時的風險底線，這是作為物流企業起家，並以物流為核心競爭力的 UPS 的先天優勢所決定的。物流行業，能通過對整個供應鏈上的企業的運行數據的把控，進一步地把控好風險。毋庸置疑，UPS 做存貨融資，風險要比傳統銀行低得多。掌握的數據全面，可隨時跟蹤物流、信息流，還有運用客戶數據信息系統瞭解企業的經營狀況以降低風險，信用查詢作業能力勝於一般銀行。可以說，UPS 供應鏈金融所掌控的大數據，天生就具有銀行甚至企業供應鏈金融結構所不具有的強大優勢。作為一家物流企業，且作為一家老牌企業，UPS 天生就是一家核心企業，不論對上流企業還是下流企業，對企業的經營狀況、資質、信譽等數據的掌握全面，這對 UPS 供應鏈金融的開展非常有利。

　　（2）UPS 的貨物全球跟蹤系統（計算機處理、聯網、系統應用）可隨時掌握借款人抵押貨物的動向，也就是借款人抵押貨物的數據，即使借款人出現了問題，UPS 的數據處理速度也要比會計師甚至海關機構快得多。UPS 是一家堅持科技領先、科技為柄的企業，時時處處注意科技元素的運用、大數據的運

用，使得其在技術上始終能把控全局，控制風險，始終能運用好大數據鏈，最終將風險降低到最小程度。

（3）憑藉 UPS 經年累積的外貿企業客戶大數據，可以真正瞭解那些規模不是很大，但資信狀況良好的中小企業的信息（有信譽保障）。作為一家具有相當歷史底蘊的老牌物流企業，在數十年甚至上百年的歷史中，與眾多的企業有過業務往來，對各類企業甚至是個別企業的經營情況完全是了如指掌，對其信譽度當然也是掌握得清清楚楚，對企業的授信也胸有成竹。

（4）UPS Capital 在交付前有一個沉澱期。資金在沉澱期內等於獲得了一筆無息貸款。UPS 在收到貨物時，由 UPS Capital 給出口商提供部分預付貨款，與進口商進行結算，收取全部貨款，由此產生一筆不需付息的貨款差額，而 UPS Capital 就滾動利用這些資金向客戶發放貸款。物流企業具有天然的流量，自帶優勢，能充分利用自身的資源，充分地運用每一個時機，服務好供應鏈上的每一個環節，進而實現資本利用的最大化。

4.3.3 亞馬遜全球供應鏈圖景

1995 年 7 月 16 日，亞馬遜公司由杰夫·貝索斯（Jeff Bezos）創辦，一開始叫 Cadabra。性質是基本的網絡書店。然而具有遠見的貝索斯看到了網絡的潛力和特色，當實體的大型書店提供 20 萬本書時，網絡書店能夠提供比 20 萬本書更多的選擇給讀者。因此，貝索斯將公司更名為亞馬遜，旨在期待公司如孕育最多種生物的亞馬遜河一樣繁榮昌盛。亞馬遜一開始只經營網絡的書籍銷售業務，現在則擴展至其他範圍的許多產品，已成為全球商品品種最多的網上零售商和全球第二大互聯網企業。公司名下也包括了 AlexaInternet、a9、lab126 和互聯網電影數據庫（Internet Movie Database，IMDB）等子公司。亞馬遜公司（Amazon）如今已成為美國最大的一家網絡電子商務公司。2018 年 1 月，《財富》雜志公布「全球最受尊敬公司」榜單，亞馬遜排名第 2 位。2018 年 1 月，《財富》雜志發布「2018 年全球最受贊賞公司排行榜」，亞馬遜排名第 2 位。2018 年 2 月 2 日，亞馬遜發布了截至 12 月 31 日的 2017 財年第四季度財報。報告顯示，亞馬遜第四季度淨營收為 605 億美元，較去年同期的 437 億美元增長了 38%；亞馬遜第四季度淨利潤為 19 億美元，較去年同期的 7.49 億美元增長了 154%；2018 年 2 月 2 日，亞馬遜股價逆勢上漲 2.87%。該公司股價盤中曾一度大漲 7.8%，股價創出 1,498 美元的歷史新高，推動公司市值突破 7,000 億美元。

正如創始人所預設的思路，亞馬遜一直在不斷地努力，努力地拓展自己的

營運領域。在 1994—1997 年，亞馬遜將自己定位為「地球上最大的書店」。亞馬遜網站於 1995 年 7 月正式上線。為了和線下圖書巨頭 Barnes&Noble、Borders 競爭，貝索斯把亞馬遜定位成「地球上最大的書店」（Earth's biggest bookstore）。為實現此目標，亞馬遜採取了大規模擴張策略，以巨額虧損換取營業規模。經過快跑，亞馬遜從網站上線到公司上市僅用了不到兩年時間。1997 年 5 月 Barnes&Noble 開展線上購物時，亞馬遜已經在圖書網絡零售上建立了巨大優勢。此後亞馬遜和 Barnes&Noble 經過幾次交鋒，亞馬遜最終確立了自己是最大書店的地位。

1997—2001 年，亞馬遜實現了第二次定位轉變：成為最大的綜合網絡零售商。貝索斯認為，和實體店相比，網絡零售很重要的一個優勢在於能給消費者提供更為豐富的商品選擇，因此擴充網站品類，打造綜合電商以形成規模效益成為了亞馬遜的戰略考慮。1997 年 5 月亞馬遜上市，尚未完全在圖書網絡零售市場中樹立絕對優勢地位的亞馬遜就開始佈局商品品類擴張。經過前期的供應和市場宣傳，1998 年 6 月亞馬遜的音樂商店正式上線。僅一個季度亞馬遜音樂商店的銷售額就已經超過了 CDnow，成為最大的網上音樂產品零售商。此後，亞馬遜通過品類擴張和國際擴張，到 2000 年的時候亞馬遜的宣傳口號已經改為「最大的網絡零售商」（the Internet's No. 1 retailer）。

從 2001 年開始，除了宣傳自己是最大的網絡零售商，亞馬遜同時把「最以客戶為中心的公司」（the world's most customer-centric company）確立為努力的目標。此後，打造以客戶為中心的服務型企業成為了亞馬遜的發展方向。為此，亞馬遜從 2001 年開始大規模推廣第三方開放平臺（marketplace）、2002 年推出網絡服務（AWS）、2005 年推出 Prime 服務、2007 年開始向第三方賣家提供外包物流服務 Fulfillment by Amazon（FBA）、2010 年推出 KDP 的前身自助數字出版平臺 Digital Text Platform（DTP）。亞馬遜逐步推出這些服務，使其超越網絡零售商的範疇，成為了一家綜合服務提供商。

如今的亞馬遜，已經不再是一家單一的書店，它涉足範圍眾多，經營領域廣泛。為客戶提供數百萬種獨特的全新、翻新及二手商品，如圖書、影視、音樂和游戲、數碼下載、電子和電腦、家居園藝用品、玩具、嬰幼兒用品、食品、服飾、鞋類和珠寶、健康和個人護理用品、體育及戶外用品、玩具、汽車及工業產品等。DVD，軟體，家電，廚房項目，工具，草坪和庭院項目，玩具，服裝，體育用品，鮮美食品，首飾，手錶，健康和個人關心項目，美容品，樂器等應有盡有。2010 年 3 月 15 日，亞馬遜已擁有 23 大類、超過 120 萬種商品的大型網上商城。在中國，亞馬遜每年保持了高速增長，用戶數量也

大幅增加，並且已擁有 28 大類，近 600 萬種的產品。

從成立至今，亞馬遜在短短的二十多年時間裡，獲得了巨大的成就，成為業界的一大標杆。1997 年達到 1.48 億美元，1998 年猛增到 5.4 億美元。股價一路飆升：1997 年 5 月初上市時，每股僅為 9 美元左右；1998 年年底，股價突破 300 美元大關；1999 年 1 月，股價更是突破 400 美元大關，總市值高達 180 億美元，超過具有 113 年歷史的老牌零售公司西爾斯。2000 年，在全球性的網絡破滅，眾多的追隨者紛紛倒地落馬時，亞馬遜仍頑強地生存了下來。

4.3.4　大數據與亞馬遜供應鏈金融創新

在亞馬遜 CEO 貝索斯看來，「每天醒來所感到害怕的不是競爭，而是顧客」。亞馬遜所做的一切都是為了更好地滿足顧客的需要。根據顧客的需求，亞馬遜在技術上不斷創新，在供應鏈上不斷地努力，在交易流程上不斷地簡化，不斷地為顧客提供最為便捷、最為實惠的產品；與此同時，還為供應鏈金融的發展打下了良好的基礎。在創始人貝索斯看來，亞馬遜絕非是一家以流通為主業的公司；恰恰相反，他將亞馬遜定位為高科技產業。在他看來，傳統零售業最重要的三大要素就是場所、場所、還是場所；而對於亞馬遜這樣的公司來說，這三個要素則是技術、技術、技術。這足見亞馬遜有多麼地注重科技。

信息技術，在一定程度上說，就等於大數據開發、利用的能力。如果說信息技術是高效的供應鏈管理的神經中樞，那麼大數據就是整個供應鏈的核心，大數據就是構築供應鏈合作夥伴之間、企業內部有效的信息溝通的利器。而定位於 B2C 電子商務的亞馬遜從一開始就非常重視信息技術的創新，重視大數據的開發。為此，亞馬遜不惜重金打造科技，公司建立了龐大的軟件工程師隊伍，每年在科技板塊的投資比重更是不菲，每年網站的技術開發費用超過 2 億美元。在 Linux 剛剛興起之際，亞馬遜就投入重金，在亞馬遜網站全球範圍內部署了一個基於 Linux 系統的運行環境。對技術投入的重視，確保了亞馬遜的顧客服務水準，為顧客的極致體驗提供了最佳的方案，也為收集大數據奠定了堅實的基礎。

亞馬遜公司注重科技，不僅僅能提高顧客搜索與送貨的速度，更重要的是，亞馬遜公司運用技術整合物流，建立了高效的物流系統，有效地節約了成本。除此之外，亞馬遜還利用科技，成功地收集了相當量體的大數據，這為展開供應鏈金融提供了基礎。亞馬遜在整個供應鏈中，運用高科技技術，將「簡單易行」做到了極致，讓顧客的體驗感倍增。例如「一次點擊」（one-click）的服務功能。「一次點擊」是亞馬遜不斷創新技術的集中寫照，「一次

點擊」也是亞馬遜大數據採集的過程。顧客只要在亞馬遜網站上購買過一次商品，其通信地址以及信用卡帳號就會被系統安全地存儲下來，等到再次購物時，顧客只要用鼠標點一下欲購之物，系統會自動完成以後的手續，包括顧客收貨資料的填寫、刷卡付費等。

亞馬遜還製作了專門的軟件，用於收集顧客的購物興趣及購物歷史信息，以便隨時為顧客購買商品提供建議。在方便顧客的同時，亞馬遜也收集了大量的數據，並且在不斷地收集這些數據的時候，建構了自己的大數據。基於大數據，亞馬遜建構了相對完善的供應鏈。亞馬遜作為供應鏈管理的佼佼者，憑藉先進的供應鏈管理方法，在零售領域裡攻城掠地，成長為電子商務領域裡的老大。持此之外，亞馬遜還對入駐亞馬遜平臺的第三方商家的信息進行了採集，對其信譽、銷量都有精準的掌控，這為亞馬遜開展供應鏈金融，尤其是對上游企業開展供應鏈金融奠定了堅實的基礎。

亞馬遜大數據+供應鏈金融模式：作為電子商務的領跑者，亞馬遜如 UPS 一樣，具有擁有大數據的天然便捷性。作為龍頭企業，亞馬遜當然不會落下供應鏈的開發，尤其是供應鏈金融的發展。亞馬遜電子商務所涉足的範圍廣泛，其所涉足的上下游企業（個人）眾多，亞馬遜全球粉絲多達百萬數量級。一向注重科技的亞馬遜不會白白浪費掉這一「鉑金」資源，自然會搭上供應鏈金融的班車。

2012 年 9 月，亞馬遜推出服務 Amazon Lending，向其所有第三方賣家發出了郵件，提醒第三方賣家們可以向亞馬遜資本服務公司（Amazon Capital Services）申請貸款。在感恩節、聖誕節等購物高峰即將到來，銀行收緊信貸額度時，商家缺錢採購，亞馬遜的此類服務自然受到商家歡迎。

亞馬遜最多將為商家提供 80 萬美元貸款，此舉在該領域堪稱激進。部分賣家的利率高達 13%，但仍有一些賣家可以享受低至 1%的利率。這肯定比信用卡貸款便宜，也比銀行貸款快捷，所以可以為賣家填補巨大空白。

進入貸款行業是亞馬遜的一個重大舉措，它沒有與特定銀行合作，而是自行開展貸款業務。當然，這個類似舉措阿里巴巴在中國早就開展了。與阿里巴巴一樣，亞馬遜會根據商家在該公司交易平臺上的表現對其進行評估。除此之外，亞馬遜還如阿里巴巴一樣，對在亞馬遜平臺消費的賣家開展消費供應鏈金融業務。

4.4 本章小結

本章首先研究了基於「線上 B2C 和 B2B+大數據+供應鏈融資」創新模式，描述了它們一般的應用業務流程。其次，研究了阿里巴巴基於線上 B2C 和 B2B+大數據的供應鏈融資的阿里小貸業務、蘇寧易購的線上供應鏈金融的業務流程、京東的線上應收帳款的業務模式與流程、UPS 和亞馬遜的獨特供應鏈金融服務，以及「信息數據平臺+線上供應鏈金融創新模式」，詳細分析了 P2P、眾籌兩種常見創新模式的業務流程，並通過人人貸、淘寶眾籌、微信眾籌具體案例對其風險特點、優缺點及操作流程等進行了詳細分析。最後，對其他線上金融平臺融資創新形式進行了研究。

5 互聯網+供應鏈金融演化博弈與系統仿真研究

5.1 供應鏈金融的博弈論原理

博弈論是近代應用數學的一個分支,英語中稱為 game theory,意思是關於游戲或者是博彩的一種理論。在中國經常被稱為對策論、博弈論、賽局理論等。博弈論在發展的雛形階段常常被用於賭博、軍事、外交等領域。早在中國春秋戰國時期,齊國著名軍事家孫臏,就曾利用博弈論的思想以弱勝強,幫助齊國大將田忌在賽馬場上取得了勝利。「合縱」與「連橫」從一定意義上說也是春秋戰國時期縱橫家所宣揚和踐行的在政治、軍事、外交等領域中的博弈思想。其中,蘇秦主張「天下之士,合縱相聚於趙,而欲攻秦」,而張儀則為實現六國共同歸附於秦國而遊說四方,這就是今天所說的典型的 n 方非合作與合作博弈,當然其中也貫穿了引誘與威脅等策略。如今各種博弈論思想尤其是不完全信息動態演化博弈論已經被廣泛地運用到系統分析與研究中。

5.1.1 企業博弈的基本要素和均衡類別

博弈論是指在一定的現實或者假設條件下,博弈的參與人相互競爭與合作,參與人根據自身的情況,利用已經掌握的信息做出有利於自身收益優化的行為決策理論。在一個完整的企業博弈過程中,一般包括以下的基本元素:

(1) 企業參與人(Player)也叫局中人,是指在博弈中具有收益決策權的國內和國外企業,企業博弈的參與人可以是兩者或者兩者以上,兩個企業之間的博弈叫作「雙方博弈」,兩個以上企業之間的博弈叫作「多方博弈」。

（2）企業行為（Action）。企業在博弈局中所採取的特定行為動作，如在「囚徒困境」模型中企業所採取的「坦白」或者「抵賴」博弈行為，在「智豬博弈」中企業（大企業或小企業）的「拱食」或者「等待」博弈行為。

（3）企業信息（Information）。它是指博弈企業在博弈過程中所獲得的相關知識。信息根據其充分性可分為完美信息、完全信息、不完全信息，完美信息是完全信息，但完全信息不一定是完美信息。信息根據其影響範圍分為共同信息和私人信息，共同信息是參與人共有的知識，即任意參與人企業 A 知道所有企業都知道這個信息，所有其他企業都知道任意企業 A 知道這個信息；私人信息是指個別特定的參與人知道的信息，比如只有企業 A 知道或者只有企業 B 知道或者只有企業 C 知道等。

（4）企業收益（Payoff）。它是指博弈企業在特定的博弈環境中獲得的支付效用，它可以是一些數值也可以是支付函數，代表企業在不同的條件下可以獲得的效用水準。

（5）企業策略（Strategy）。它是指博弈企業根據已知道的信息和其他企業的行動，採取有利於增加自身收益的方法。策略跟行為之間既有區別又有聯繫，策略是行動所採取的方法而不是行為的本身，策略的實施離不開企業的行為。

（6）企業博弈均衡（Equilibrium）。它是指博弈企業達到的一種優化結果的策略組合。均衡可能不是唯一的，在一些博弈中存在著多個均衡。

（7）企業博弈混同均衡（Mixed Equilibrium）。它是指不同的類型的企業都選擇相同的信號，那麼信號已經起不了傳遞信息的作用，在這種情況下，企業只能根據貝葉斯法則進行判斷，形成混同均衡解。

（8）企業博弈分離均衡（Seperate Equilibrium）。邁克爾·斯賓塞（Michael Spence）認為不同類型的企業之間博弈，具有優勢的一方企業可以率先發出信號，從其他類型的企業中分離出來，使得博弈有利於自己，這樣可以防止不對稱信息給企業帶來的收益損失。

5.1.2 企業博弈的基本類型和策略

（1）企業完全信息靜態博弈（Complete Information Static Game）。它是指任意參與企業在知道其他企業的類型、策略空間和支付函數等信息，並且企業根據這些完全的共有信息同時採取自己的行為，這些行為沒有先後順序之分。完全信息靜態博弈結果所形成的均衡是納什均衡（Nash Equilibrium），完全信息條件下的靜態博弈納什均衡可以用如下的數學表達表示：

設有 n 個企業參與完全信息靜態博弈，它們的戰略表達式為 $G = (S_1, S_2 \cdots S_n; u_1, u_2 \cdots u_n)$，其中 $S = (S_1, S_2 \cdots S_n)$ 為企業的戰略空間，$u = (u_1, u_2 \cdots u_n)$ 為企業的效用函數；如果存在一組策略 $S^* = (S_1^*, S_2^*, \cdots S_t^* \cdots S_n^*)$，使得任意企業 t 選擇 S_t^* 策略時，該博弈的總效用函數：$u(u_1, u_2 \cdots u_t^* \cdots u_n) > u(u_1, u_2 \cdots u_t \cdots u_n)$，即 $u(S_1^*, S_2^* \cdots S_t^* \cdots S_n^*) > u(S_1^*, S_2^* \cdots S_t \cdots S_n^*)$。也就是說，當完全信息靜態博弈形成納什均衡時，無論任意企業改變其策略行為，將減少其企業博弈的收益效用水準，這種情形跟經濟學上的帕累托最優結果相似。

（2）企業完全信息動態博弈（Complete Information Dynamic Game）。它是指任意企業知道其他企業的類型、策略空間和支付函數等信息，並且每一個企業根據這些完全的共有信息並非同時採取自己的行為。但是與企業完全信息靜態博弈不同，這些企業行為有先後順序之分，後行動企業根據先行動企業的行動來選擇自己的行動策略。企業動態博弈可分為序貫博弈和重複博弈兩種，企業序貫博弈的每一階段博弈的結構不同，企業重複博弈是每一階段博弈結構相同，並且重複多次。企業重複博弈按照重複次數的多少又可以分為企業有限次重複博弈和企業無限次重複博弈，有限次重複博弈的收益是每一階段收益的累加，無限次重複博弈由於不能累加，所以在計算收益時需要引入一個貼現因子 δ（$0<\delta<1$）來折算成當前收益，一般可認為 $\delta = 1/(1+r)^n$，其中 r 為利率，n 為企業博弈的次數。

（3）企業不完全信息靜態博弈（Incomplete Information Static Game）。就是博弈企業雙方不完全瞭解對方的信息，並且博弈的企業存在多個類型，不能準確把握對方企業的類型，只能猜測和估計對方類型的概率分佈情況，由此判斷做出博弈選擇，形成貝葉斯納斯均衡。

（4）企業不完全信息動態博弈（Incomplete Information Dynamic Game）。弗得伯格和泰勒爾對企業不完全信息動態博弈的均衡概念做了研究和分析。他們認為與企業不完全信息靜態博弈類似，不同之處在於企業不完全信息博弈進行多階段博弈，而且下一階段的博弈企業對上一階段的博弈過程存在一個動態的修正，即博弈企業通過對上一階段的博弈觀測到對方的信息，進行信息補充來修正自己的信念和概率判斷，從而做出自己的選擇，得到精煉貝葉斯納什均衡，企業不完全信息動態博弈過程也可以看成企業動態博弈和企業不完全信息博弈兩者的複合。

（5）企業博弈的純策略（Pure Strategies）。在特定的信息條件下，博弈企業只能在策略空間內選擇唯一的策略，它是企業混合策略的一種特例，混合策

略的策略選擇呈概率分佈而非唯一策略。

（6）企業博弈的混合策略（Mixed strategies）。在一個標準的博弈 $G = (S_1, S_2 \cdots S_n; u_1, u_2 \cdots u_n)$ 中，博弈企業 t 的策略空間為 $S_t = \{S_{t1}, S_{t2}, \cdots S_{ti}\}$，並且以以概率分佈 $P_t = \{P_{t1}, P_{t2} \cdots P_{ti}\}$，其中 $0 \leqslant P_{t1}, P_{t2} \cdots P_{ti} \leqslant 1$，$P_{t1} + P_{t2} + \cdots + P_{ti} = 1$，選擇 i 個可選擇的策略，那麼 $\{S_t, P_t\}$ 稱為企業的一個混合策略。

（7）企業博弈的觸發策略（Trigger Strategies）。它又稱爭鋒相對策略，在重複博弈中，博弈企業雙方先試圖彼此合作，如果發現對方企業出現不合作策略，那麼自己也將實施不合作策略進行報復，並一直堅持使用不合作策略，這樣使得對方企業的總體收益值小於合作的情形，因而在使用觸發策略博弈中，任何一方企業都不願偏離合作策略。

5.1.3　國內外關於企業信用風險博弈決策的應用研究

企業信用風險博弈決策指企業博弈的參與人在雙方或者多方已有信用關係的基礎上，通過企業之間博弈行為比較分析企業長期與短期的信用成本與收益、守信與失信給企業帶來的有利和不利影響，制定出企業信用風險防範應該採取的策略和措施。

5.1.3.1　國內研究

一是從企業或者行業微觀角度研究信用風險的博弈策略選擇。姚益龍（2004）通過研究了中國轉軌時期中國企業的信用風險情況，運用博弈理論對企業短期和長期的經濟行為進行分析。周麗娟、餘伯陽（2007）比較深入地考察和研究了中國保健食品產業的信用狀況，並運用信用風險博弈論的相關理論和方法建立起相應的抽象數學模型，為提高中國保健食品產業的信用競爭力提供對策和建議。李忠民、尹海員（2007）從不完全信息條件下微觀層面對醫患關係進行了風險博弈分析，並解出了雙方博弈的貝葉斯納什均衡解。黎麗霞（2007）通過對第三方電子市場的信用博弈分析，認為第三方電子市場比自營電子市場交易具有更高的效率和更強的公正性。龍遊宇、程民選（2008）研究了產權、信用、博弈三者之間的關係，他們認為產權是基於理性人假設的條件下人們不斷重複博弈的的結果，信用伴隨經濟人之間相互競爭、相互博弈而存在。

郭永輝（2009）指出信用風險是設計鏈正常運行的重要因素；他運用博弈理論中的混合戰略分析，得出設計鏈條中各個節點的企業或者個人期望收益，同時指出聯盟企業的信用和信用等級是達到博弈均衡的關鍵影響因素。

SONG Bo，XU Fei（2009）在不完全信息情況下，將包含噪聲的不完全信息博弈模型引入企業聯盟的風險性問題，可以求出一個與現實實際擬合度較高的貝葉斯納什均衡解。譚小芳（2010）關注中國的上市公司的信用風險博弈問題，利用不完全信息動態博弈的 KMRW 聲譽模型對上市公司進行研究。

二是從政府信用治理以及其制度建設的宏觀角度研究企業信用博弈行為。王建明（2003）提出要構建良好社會（企業）信用體系，政府和企業就必須制定合理的企業信用法律制度。這就意味著必須首先從動態的企業博弈的角度來分析法律的作用模式和效力機制；這就需要分析和計算信用法律制度制定前後企業參與人的收益變化，進而分析這些收益變化對企業經濟運行的影響程度。路洪衛（2003）認為目前中國企業總體信用水準還處於相當低的層次，這實際上是政府機構、企業、個人之間為各自利益相互博弈的結果；政府信用是決定企業信用和個人信用的前提，如果政府行為信用缺失，則會導致各個經濟主體的跟從和無信用行為。

劉雪鳳（2005）運用博弈論中的納什均衡理論對政府信用體系的形成及缺失的內在利益機制進行了詳實的分析，提出了通過建立重複性博弈機制、守信激勵機制、失信懲戒機制和完善監督機制、失信救濟機制等解決政府信用危機。田侃、崔萌萌（2007）認為企業信用的本質是契約關係，政府信用對於企業和個人契約的遵守起到了一定程度的保障作用；他通過對信用主體（政府、企業、個人）的利益博弈分析，指出中國經濟轉軌過程中出現的企業信用和個人信用扭曲以及信用危機等問題的根源是制度性的，政府應該發揮核心作用來改善中國信用狀況，並就政府信用缺失問題提出了治理機制設計。

5.1.3.2　國外研究

J. Van Ryzin（1966）介紹了分類程序的貝葉斯風險博弈一致性概念。通過 Čencov（1962）和 Parzen（1962）的研究和相關成果，此概念可以幫助檢驗基於普通（非參數）密度評估的分類程序的漸近特徵。兩種分類程序的優點不同：普通（非參數）密度評估不需要有關分佈的精確參數化形式的假設，而貝葉斯風險一致性程序的優點為在相關知識和類分佈有限的情況下有助於評估程序的篩選。John Aitchson，John Bacon-shone（1981）認為利用經典的置信區間的方法已經不能找出確切的區間，他提出以貝葉斯策略方法解決企業所面臨的難題。

Dubey P. 和 Shubik M.（1976）在《經濟系統的生產和交易模型——一個策略博弈》一文中建立了一個企業交易和生產戰略模型，認為企業間可能存在不合作均衡點、有限均衡點和競爭均衡點，研究了企業的其他問題——企業

信用的地位和作用、企業資本產品、企業貿易份額、寡頭企業壟斷均衡、企業模型的多樣化之間的關係。Shubik M.（1986）在《市場博弈策略——一個動態的金融和保險項目的應用》中將企業市場博弈策略和動態項目之間的關係理論應用到金融保險企業領域中，可以得到一個完美子博弈均衡，運用數學模型來解釋企業動態資金和信用的流動。

Tommy Chin-Chiu Tan 和 Sérgio Ribeiro da Costa Werlang（1987）將非合作博弈轉化為參與人之間的貝葉斯決策問題，認為一個博弈參與人所面對的不確定性為其他博弈參與人的戰略選擇，也是其他博弈參與人在另外一些博弈參與人選擇基礎上的先驗。先驗接連先驗，依此類推。該研究在博弈參與人理性的知悉程度和其不斷取消非最優反應策略的能力之間提供了一個完整的描述方法。還在此基礎上提出了迭代非支配策略和可合理化戰略行為的信息基礎。Prakash P. Shenoy（1992）提出了描述和解決貝葉斯決策問題的一種新方法，命名為基於評價的系統，並將其與影響圖做了對比。作者指出，與在隨機變量中強調條件獨立的影響圖不同，基於評價的系統強調聯合概率分佈的因子分解。此外，影響圖描述只承認有條件的可能性，基於評價的系統描述則承認所有的可能性。該研究所提解決方法結合了聯合概率分佈邊際值的局部計算方法及離散優化問題的局部計算方法。

Abad P. L. 和 Jaggi C. K.（2003）在《敏感性價格環境下一個優化的產品單價和信用保障時間組合》一文中認為：在企業的買賣渠道中，買者對產品的價格和賣方的商業信用是敏感的，產品單位價格和提供的信用保障時間最終影響產品的需求。文章解釋了一個合作或者非合作買方和賣方的策略。在非合作博弈中，提出了一個優化單位價格和信用保障時間的策略，在合作博弈中，他們提出了帕累托最優的博弈策略。Wei M.、Cruz J. B. Jr.（2006）建立兩個新的企業博弈模型「合作信任博弈模型 SCG」（Sharing Creditability Game）和「最底線博弈模型 BLG」（Bottomline Game），新的企業模型將合作博弈轉化成新的博弈，利用這個新的企業博弈模型解決傳統模型忽視的非合作博弈；這個新的模型不同於企業原始的合作或者非合作博弈模型，它可將企業博弈與非合作博弈融合在一起，這個新的企業博弈模型將改變「囚徒困境」的博弈結果，能為軍事企業或者民用企業提供新的解決思路。

Nwogugu、Michael（2007）介紹了一個新的金融企業信用契約理論，分析了目前一些學者還未研究的批判經濟學和公共政策問題，並進一步闡釋企業的博弈理論、企業的金融信用理論、企業的經濟政策等。Janzadeh H.、Fayazbakhsh K.、Dehghan M.、Fallah M. S.（2009）提出利用哈希鏈的信息傳遞阻止詐欺節

點出現，建立一個企業信用合作機制，並通過博弈理論分析，只要存在合適的企業支付機制，就會出現在節點達到合作的水準。

5.2 供應鏈金融演化博弈分析

5.2.1 一般靜態均衡模型

企業與銀行間之間的借貸關係是由貨幣的供求關係引起的，而貨幣的供求關係受到利率成本以及風險的影響。貸款利率越高，銀行的收益越大，企業的收益越小。貸款風險概率越小，銀行的收益期望值越大；貸款風險概率越大，銀行的收益期望值越小。

模型假設：

（1）橫坐標表示貨幣的供求額 Q，縱坐標表示貨幣的借貸利率 r。

（2）D_1 代表企業的貨幣需求曲線（為了便於均衡分析，假定大型、特大型企業與中小企業的貸款需求一致）。

（3）S_1 代表商業銀行對中小企業的貨幣供給曲線。由於風險成本等貸款成本的差異，商業銀行對大型、特大型企業貨幣供給曲線較 S_1 向右移動至 S_2，即在同等利率的條件下商業銀行更願意提供貸款給風險較小的大型、特大型企業。

（4）利率 r_0 代表非利率市場化條件下央行的管制利率。

從圖 5.1 可以看出，在利率市場化條件下，按照金融市場配置規律，大型、特大型企業在具有風險與成本優勢的情況下，可以以 r_2 的貸款利率獲得商業銀行貸款貨幣數量 Q_2；而中小企業只能按照 r_1 的貸款利率獲得商業銀行貸款貨幣數量 Q_1。可以看出 $Q_2>Q_1$，$r_1>r_2$，中小企業只能以較高的利率水準獲得較少的商業銀行信貸。

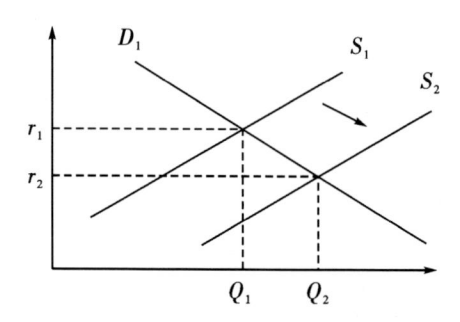

圖 5.1 利率市場化條件下貨幣供求均衡

從圖5.2可以看出，在利率管制條件下，由於中央銀行的利率管制，市場化條件下的貨幣供求均衡點發生了變化。在利率r_0的利率水準下，中小企業貨幣供求均衡點向左方移動，可以獲得商業銀行Q_0的信貸規模，但$Q_0<Q_1$，說明中小企業融資規模進一步緊縮，「麥克米倫缺口」（Q_2-Q_0之差）擴大，中小企業融資更加困難。在利率r_0的利率水準下，大型、特大型企業的貨幣供求均衡點向右方移動，可以獲得Q_4的信貸規模$Q_4>Q_3>Q_2$，信貸盈餘（Q_4-Q_2之差）擴大。所以在利率管制的條件下，中小企業的融資環境進一步惡化，而大型、特大型企業融資溢出效應進一步增加，這就需要信貸資源調劑來解決供求矛盾，即將核心的大型、特大型企業過剩資源配給供應鏈上下游的中小企業，這也從一方面解釋了供應鏈金融產生和發展的必要性。

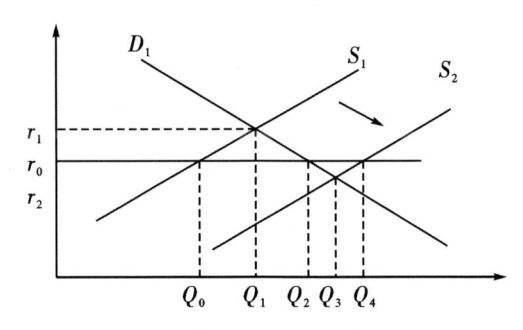

圖 5.2　利率管制條件下貨幣供求均衡

5.2.2　動態演化博弈模型的建立與分析

5.2.2.1　動態演化博弈模型假設
（1）假定博弈的參與人為商業銀行、核心企業、上游企業、下游企業。
（2）假定參與人都是理性經濟人，以追求企業的利潤最大化為目的。
（3）Q_0，Q_1，Q_2分別代表核心企業、上下游企業融資額的數量，R_0，R_1，R_2代表企業的資金收益率，r_1代表銀行利率，C_1，C_3，C_5代表辦理銀行貸款手續費等業務成本，C_2，C_4，，C_6代表銀行對企業進行資信調查等成本。
（4）假定商業銀行採取合作的概率為α，不合作概率為$1-\alpha$；供應鏈企業合作的概率為β，不合作概率為$1-\beta$；Q代表融資額的數量，R代表供應鏈企業的資金收益率，r代表銀行利率，C_b代表銀行資信調查等業務成本，C_s代表供應鏈企業辦理銀行貸款業務手續費等成本。

5.2.2.2　模型的建立
對於商業銀行來說，與核心企業、上游企業、下游企業單個企業之間的博

弈模型，同整個供應鏈之間的博弈模型存在著很大的不同，見表5.1和表5.2。

表5.1　　　　　　　　　　　單個企業博弈模型

		商業銀行	
		合作	不合作
核心企業	合作	$Q_0 \cdot R_0 - Q_0 \cdot r_1$, $Q_0 \cdot r_1$	$-C_1$, 0
	不合作	0, $-C_2$	0, 0
上游企業	合作	$Q_1 \cdot R_1 - Q_1 \cdot r_1$, $Q_1 \cdot r_1$	$-C_3$, 0
	不合作	0, $-C_4$	0, 0
下游企業	合作	$Q_2 \cdot R_2 - Q_2 \cdot r_1$, $Q_2 \cdot r_1$	$-C_5$, 0
	不合作	0, $-C_6$	0, 0

表5.2　　　　　　　　　　　整個供應鏈博弈模型

		商業銀行	
		合作 α	不合作 $1-\alpha$
整個供應鏈	合作 β	$Q \cdot R - Q \cdot r - C_b$, $Q \cdot r - C_s$	$-C_b$, 0
	不合作 $1-\beta$	0, $-C_s$	0, 0

當商業銀行與供應鏈上企業合作的時候，由於供應鏈內的企業實現資源共享機制，所以商業銀行實際上是與整個供應鏈合作而不是某一個上下游企業。第一，可以降低銀行對企業的信用調查成本、企業風險監控成本以及信用維護成本等，即 $C_b<C_1+C_3+C_5$，$C_s<C_2+C_4+C_6$。第二，在商業銀行利率方面，由於整個供應鏈的議價能力增強，可能使得 $r<r_1$。第三，在商業銀行的授信額度方面，由於供應鏈的協同整體性，可能使得 $Q>Q_0+Q_1+Q_2$。

對於單個企業與商業銀行之間的博弈行為，很多文獻都做出了深入的研究，下面主要構造和分析供應鏈金融與商業銀行之間的動態演化博弈模型。

（1）對於商業銀行來說，如果對方選取合作的策略時候，它的期望收益為：

$$U_1 = \alpha \cdot (Q \cdot r - C_s) + (1-\alpha) \cdot 0$$

如果對方選取不合作的策略時候，它的期望收益為：

$$U_2 = -\alpha \cdot C_s$$

所以：平均收益為 $U = \beta \cdot U_1 + (1-\beta) \cdot U_2$
$$= \alpha \cdot \beta \cdot Q \cdot r - \alpha \cdot C_s$$

根據商業銀行以上收益函數，可以複製動態演化微分方程：
$$d\beta/dt = \beta(U_1-U) = \beta \cdot (1-\beta) \cdot \alpha \cdot Q \cdot r$$

（2）對於整個供應鏈企業來說，如果商業銀行選取合作策略時候，它的期望收益為：
$$W_1 = \beta(Q \cdot R - Q \cdot r - C_b) + (1-\beta) \cdot 0$$

如果商業銀行選取不合作的策略時候，它的期望收益為：
$$W_2 = -\beta \cdot C_b$$

所以：平均收益為 $W = \alpha \cdot W_1 + (1-\alpha) \cdot W_2$
$$= \alpha \cdot \beta \cdot Q \cdot (R-r) - \beta \cdot C_b$$

根據供應鏈以上收益函數，可以複製動態演化微分方程：
$$d\alpha/dt = \alpha \cdot (W_1 - W)$$
$$= \alpha \cdot (1-\alpha) \cdot \beta \cdot Q \cdot (R-r)$$

令 $F(\alpha) = d\alpha/dt$，$F(\beta) = d\beta/dt$；如果要得到系統的穩定狀態，那麼需要同時滿足兩個方程：

$$F(\alpha) = d\alpha/dt = 0 \quad ①$$
$$F(\beta) = d\beta/dt = 0 \quad ②$$

求解得：$(\alpha, \beta) = (0, 0)$，$(\alpha, \beta) = (0, 1)$，$(\alpha, \beta) = (1, 0)$，$(\alpha, \beta) = (1, 1)$ 四個不同解。要檢驗這四個解是否屬於演化穩定狀態，可以通過雅克比矩陣的方法進行判斷：

$$J = \begin{vmatrix} \partial F(\alpha)/\partial \alpha & \partial F(\alpha)/\partial \beta \\ \partial F(\beta)/\partial \beta & \partial F(\beta)/\partial \alpha \end{vmatrix}$$
$$= \begin{vmatrix} (1-2\alpha) \cdot \beta \cdot Q \cdot (R-r) & \alpha \cdot (1-\alpha) \cdot \beta \cdot Q \cdot (R-r) \\ \alpha \cdot Q \cdot r & \beta \cdot Q \cdot r - C_s \end{vmatrix}$$

因為通常情況下，$R>r$，$Q \cdot r > C_s$，所以可以判斷出各均衡點的極性，見表5.3。

表5.3　　　　進化博弈均衡點的穩定性

Equilibrium points	det(J)		tr(J)		Stability judgment
(0,0)	0	0	$-C_s$	−	Unstable point
(0,1)	$Q \cdot (R-r) \cdot (Q \cdot r - C_s)$	+	$Q \cdot R - C_s$	+	Unstable point
(1,0)	0	0	0	0	Unstable point
(1,1)	$-Q \cdot (R-r) \cdot (Q \cdot r - C_s)$	−	$2Q \cdot r - Q \cdot R - C_s$	「+」or「−」	Saddle point

從表 5.3 中可以看出：各均衡點 $(\alpha, \beta) = (0,0)$，$(\alpha, \beta) = (0,1)$，$(\alpha, \beta) = (1,0)$，$(\alpha, \beta) = (1,1)$ 屬於演化博弈的不穩定點或者是鞍點，也就是說，該演化博弈中沒有穩定均衡解，見圖 5.3。

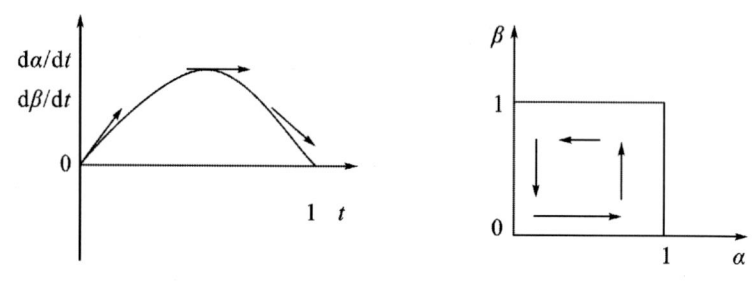

圖 5.3　演化博弈動態圖

因此需要建立系統動力學模型來刻畫和解釋商業銀行與供應鏈上企業之間的動態演化過程。

5.2.3　供應鏈金融系統動力學模型的建立與仿真分析

系統動力學（System Dynamics，簡稱 SD）是系統科學的一個分析學科，它以系統的信息反饋控制為研究對象。系統動力學是由美國 MIT 的研究人員 Jay W. Forrester 教授在 20 世紀中葉創立，經過幾十年的發展，系統動力學被廣泛地應用於經濟、管理、交通、城建、環境、生物、醫學、製造、生態等許多領域。我們正將系統動力學與其他科學如控制論、信息論、系統論、突變理論、耗散理論等結合在一起，進行系統的穩定性分析、靈敏度分析、參數估計、最優化分析、類屬結構分析等。

系統動力學把系統看作多重信息反饋系統，通過研究人員對系統的深入分析，把系統分解成不同的因素集合，然後將不同的因素聯繫起來建立起因果關係反饋圖，然後通過 Vensim 軟件建立系統流圖（包括輸入 Dynamo 方程的建立與輸入），最後對現實的系統結構進行仿真實驗，找出較優的系統結構。系統動力學仿真模型建立的步驟見圖 5.4。

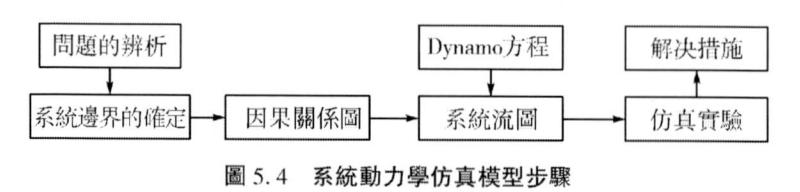

圖 5.4　系統動力學仿真模型步驟

5.2.3.1 問題的辨析

傳統的中小企業供應鏈（SEMSCM）管理模式是基於信息流與物流的集成系統，譬如 VMI（Vendor Managed Inventory）管理系統、JMI（Jointly Managed Inventory）管理系統、CPFR（Collaborative Planning Forecasting and Replenishment），但是這些集成系統中沒有包含資金流的因素，資金流往往獨立於中小企業供應鏈之外。從帕累托最優的角度來看，整個供應鏈系統並沒有實現資源的充分利用。因而，如何將中小企業供應鏈系統與融資系統兩者有機地結合起來，使得整體系統的金融資源優化配置，實現系統的帕累托最優結果，是中小企業亟待解決的難題之一。本書基於系統動力學仿真實驗，從供應鏈系統動態模擬的角度提供了一種解決此問題的關鍵技術與方法。

5.2.3.2 系統邊界的確定

在中小企業供應鏈金融系統集成中，只選取供應鏈的核心企業、上游企業、下游企業、金融機構作為考察對象，而且主要考慮中小企業供應鏈中的資金系統，一般不重點關注生產系統、訂貨系統和物流服務系統等。

5.2.3.3 因果關係圖

下游企業銷售產品後，除去銷售費用後，可以按照一定的回款率獲得回款資金。下游企業的資金主要用於下游企業的各種成本支出和向上游的核心企業按照一定的回款率回款；這時，如果下游企業現金流斷流，資金盈餘為負數時，下游企業可以利用商業銀行的授信額度貸款注入資金。

核心企業獲得下游企業的回款後，同樣將回款資金主要用於核心遊企業的各種成本支出和向上游的企業按照一定的回款率回款，同時形成核心企業的資金盈虧。如果核心企業的盈虧情況為負數，將通過商業銀行的授信額度補充資金。核心企業與上、下游企業不同支出在於核心企業往往可以從商業銀行獲得更多的授信額度。

通過商業銀行獨立授信中小企業系統的分析，我們可以用 Vensim 軟件發現上游企業資金流、核心企業資金流、下游企業資金流的大小分別與企業的銷售收入來源、企業的支出成本、企業的商業銀行授信額度三大要素存在正相關關係或者負相關關係；銷售收入回款額越多，企業現金流就越大；企業的支出成本越大，企業資金流就越小；企業商業銀行額度越大，企業的資金流就越大（見圖 5.5）。企業的支出額的大小一方面與資金流的大小有正相關關係，另一方面與支出率的比率有負相關關係。企業資金盈餘與企業資金流存在正相關關

係，與企業成本支出存在負相關關係。商業銀行的授信額度一方面與企業的資金流有正相關關係，另一方面與企業的盈利有正相關關係，商業銀行的信貸槓桿與每個企業有獨立信用關係。中小企業供應鏈金融因果關係見圖 5.6。

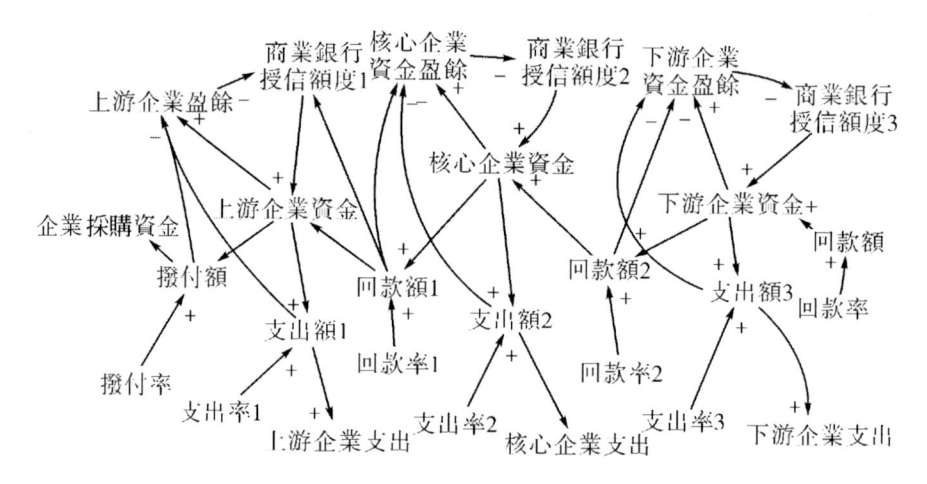

圖 5.5　Vensim 軟件分析商業銀行獨立授信中小企業系統

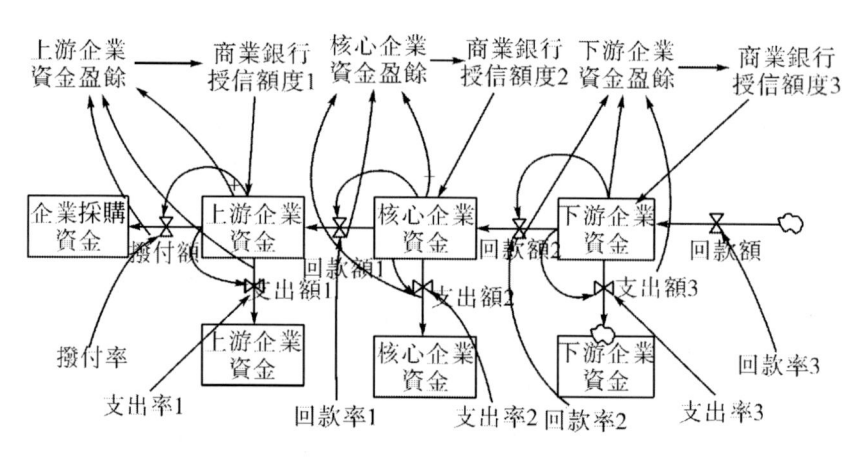

圖 5.6　中小企業供應鏈金融因果關係圖

5.2.3.4　Dynamo 方程與系統流圖

Dynamo 方程的初始設置如圖 5.7 所示：

```
(01) FINAL TIME = 100
     Units: Month
     The final time for the simulation.

(02) INITIAL TIME = 0
     Units: Month
     The initial time for the simulation.

(03) SAVEPER =
        TIME STEP
     Units: Month [0,?]
     The frequency with which output is stored.

(04) TIME STEP = 1
     Units: Month [0,?]
     The time step for the simulation.
```

圖 5.7　初始設置

當滿足資金缺乏條件，用 If... Then 語句設置 Dynamo 方程，可以實現條件資金流的調劑使用。如果我們把系統所有的參數通過 Dynamo 方程設定後，通過數值仿真技術可以得到各個企業的資金流即時變化動態流圖。

1. 下游企業

從圖 5.8 可以看出，上游企業的資金流受到商業銀行授信額度、回款額、支出額變化的影響。上游企業的資金池回款額注入的大小成正向變動，回款額注入增大時，上游企業的資金池水位上升；相反則下降。上游企業的資金池支出額的大小成反向變動，支出額增大時，上游企業的資金池水位下降；相反則上升。商業銀行授信額度起著防範各個企業資金鏈斷裂的作用，當上游企業的資金池資金較少時，商業銀行會增加信用貸款額度；相反，則減少信用貸款額度。

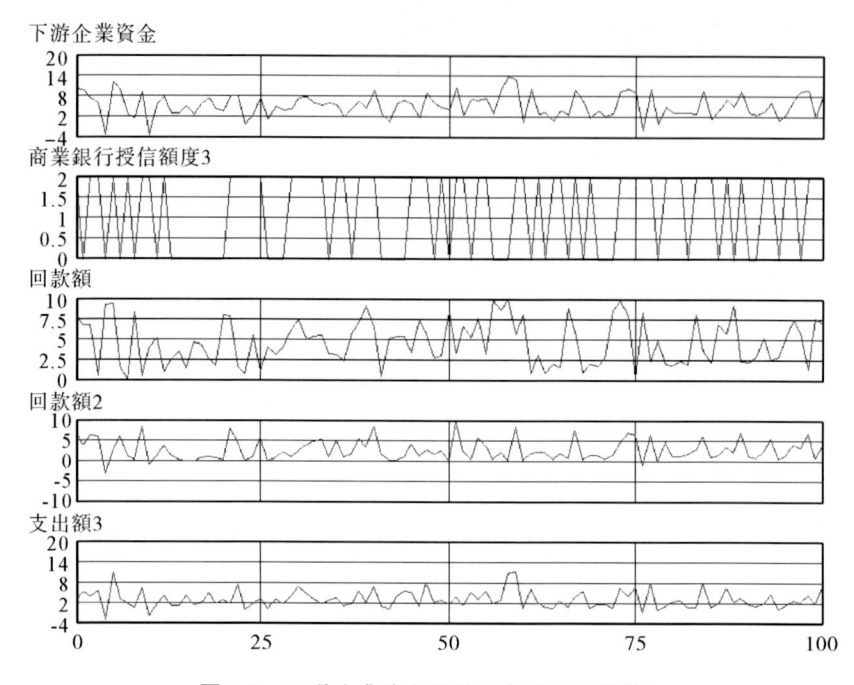

圖 5.8　下游企業資金池的流出流進相關變化

通過圖 5.9 可以看出，供應鏈下游企業資金流有關的各個支流架構。

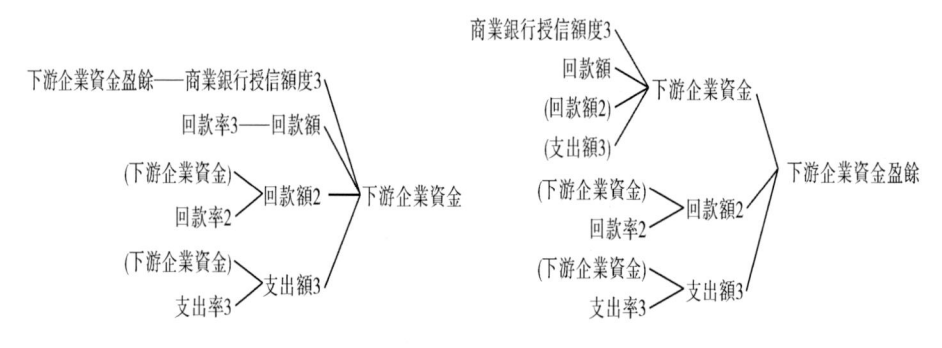

圖 5.9　下游企業資金流樹狀圖

從圖 5.10 可以看出，下游企業資金池水位的高低與下游企業資金盈餘同步協調變動，只是在變化幅度的大小上存在差別，下游企業資金盈餘的變化幅度小於下游企業資金池的變化幅度。

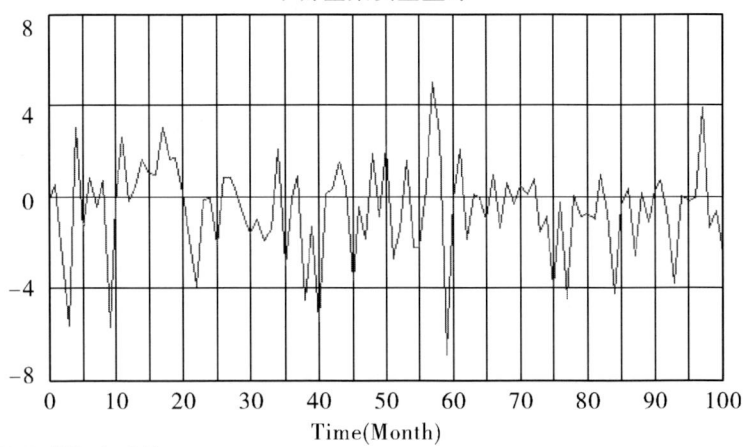

下游企業資金盈餘

下游企業資金盈餘：Current

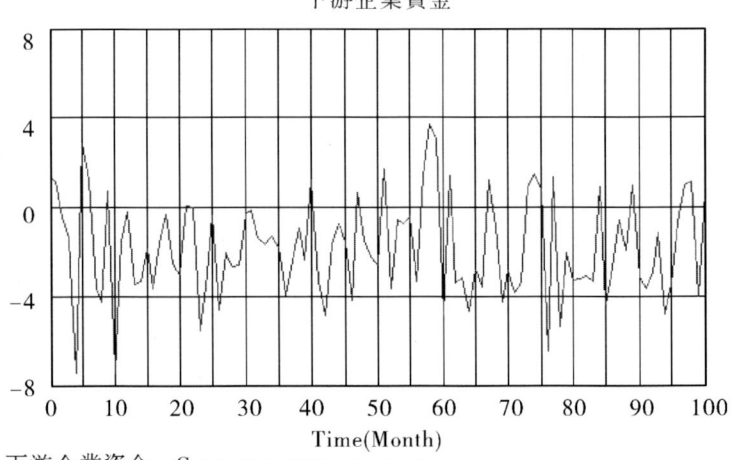

下游企業資金

下游企業資金：Current

圖5.10　下游企業資金池水準與資金盈餘對比圖

2. 核心企業

從圖5.11可以看出：供應鏈核心企業池很少出現資金為負數的情況，這是由核心企業規模和產出以及在供應鏈上的地位所決定的。如果核心企業經常出現資金池為負數的情況，就說明整條供應鏈脆弱，經營狀況不穩定；供應鏈核心企業資金池與商業銀行授信額度2大多數呈非一致性反方向變動。由於核心企業資金池水準受到多因素影響，供應鏈核心企業資金池變動呈現不規則現象，並不單獨與回款額或者支出額確定呈一致性變化。

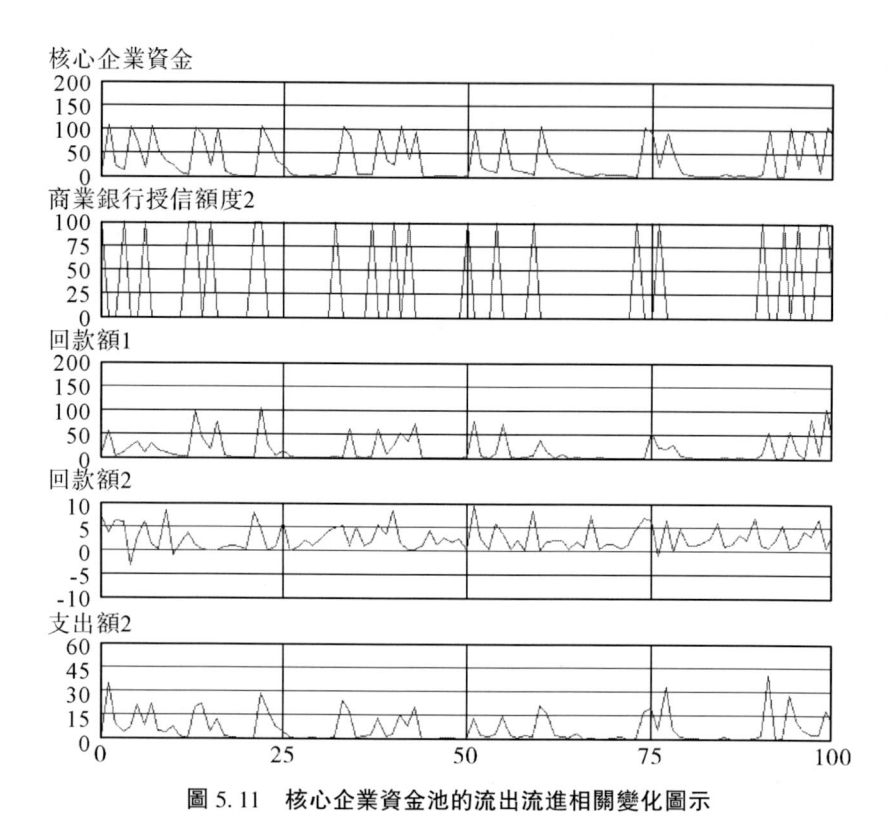

圖 5.11　核心企業資金池的流出流進相關變化圖示

從圖 5.12 可以看出，供應鏈核心企業資金流有關的各個支流架構。

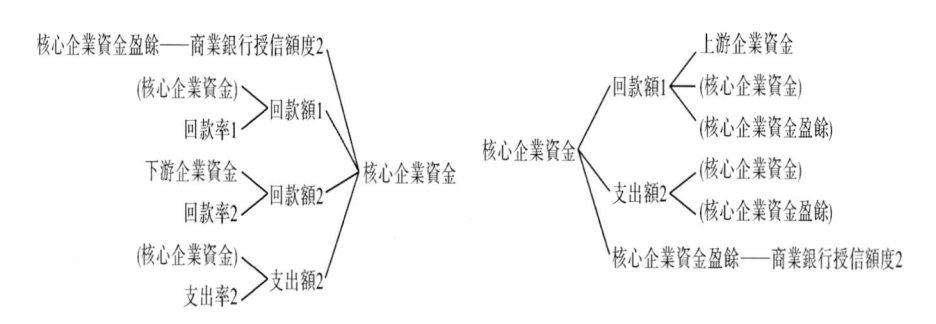

圖 5.12　核心企業資金流樹狀圖

從圖 5.13 可以看出：一是兩者大多數情況呈一致性變化趨勢，一起潮起潮落；二是核心企業資金池沒有出現斷裂的情況，但是核心企業盈餘有時可能為負數；三是核心企業盈餘變化幅度大於核心企業資金池。

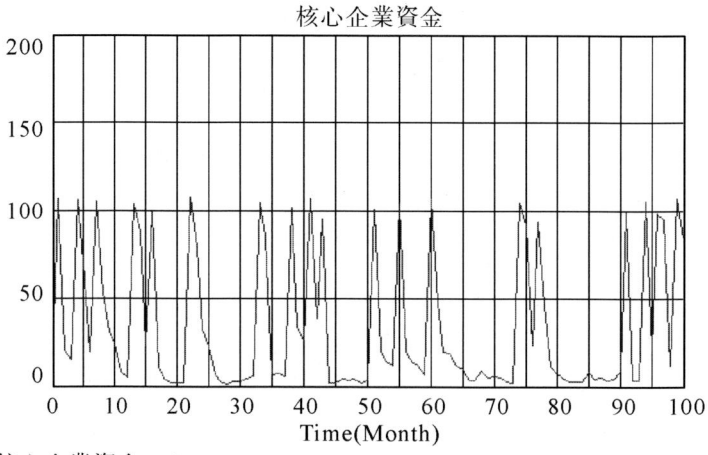

核心企業資金

核心企業資金：Current ─────

核心企業資金盈餘

核心企業資金盈餘：Current ─────

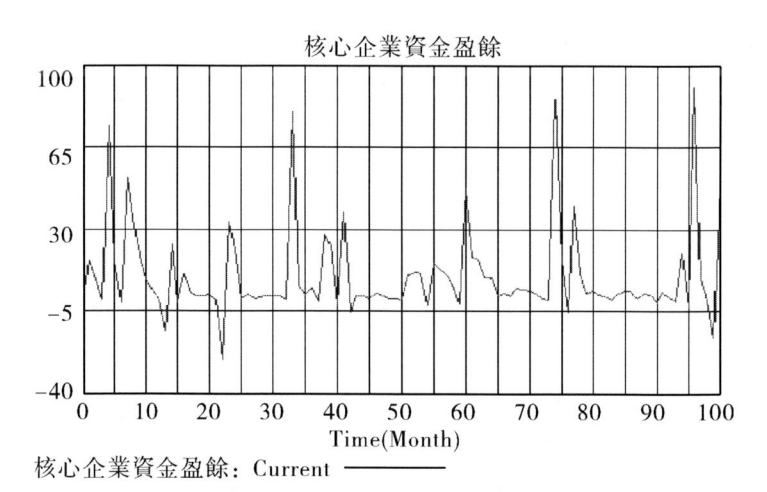

圖 5.13　核心企業資金池與核心企業盈餘即時動態變化對比圖

3. 上游企業

從圖 5.14 可以看出：上游企業資金池與回款額呈正方向變化，與撥付額及支出額呈反方向變化，當回款額資金流入增大時，企業資金池水位上升；反之，資金池水位下降，撥付額及支出額是企業的成本，所以呈反向變動。商業銀行的信貸規模與資金池一般呈反方向變化，當企業需要資金時候，則信貸規模擴張；反之，信貸規模減小。

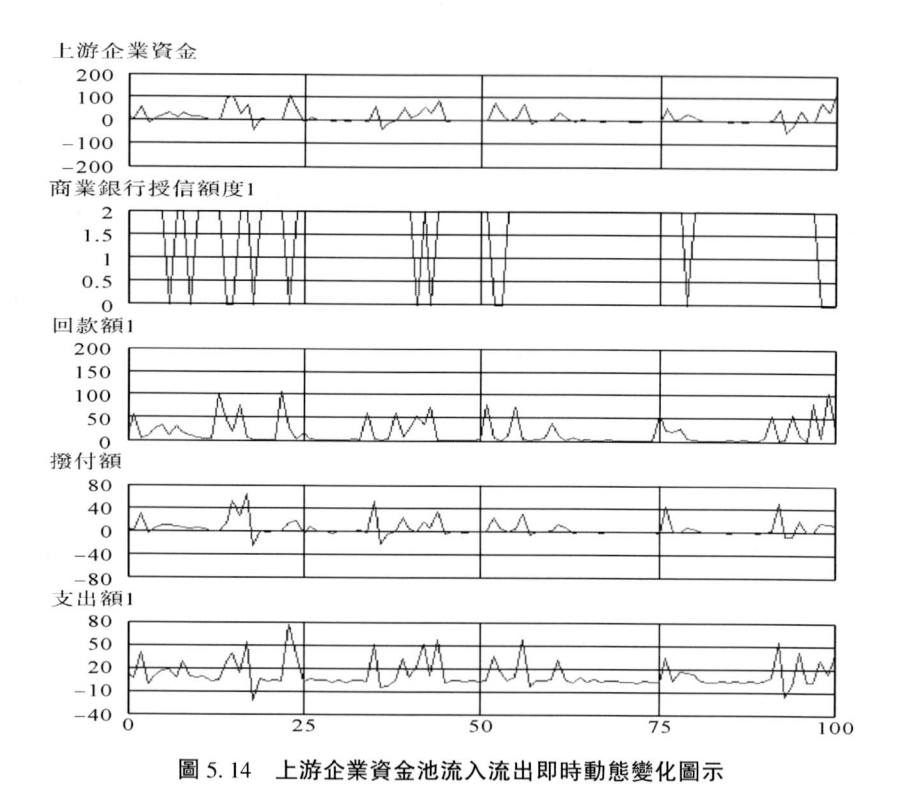

圖 5.14　上游企業資金池流入流出即時動態變化圖示

從圖 5.15 可以看出，供應鏈上游企業資金流有關的各個支流架構。

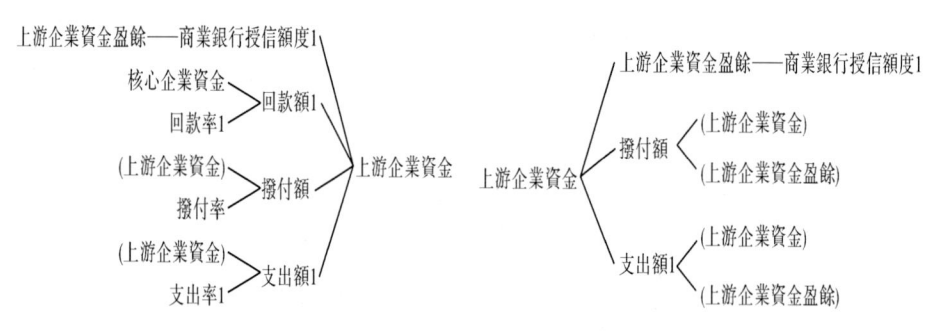

圖 5.15　上游企業資金流樹狀圖

從圖 5.16 可以看出，兩者呈同方向變化，但是上游企業資金盈餘變化幅度大於上游企業資金池變化幅度；上游企業資金池與上游企業資金盈餘都有可能出現資金為負數的情況。

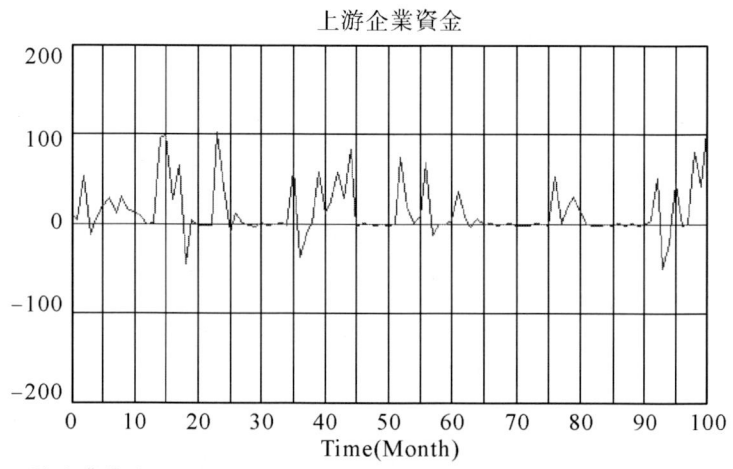

上游企業資金

（圖表）

上游企業資金：Current ———

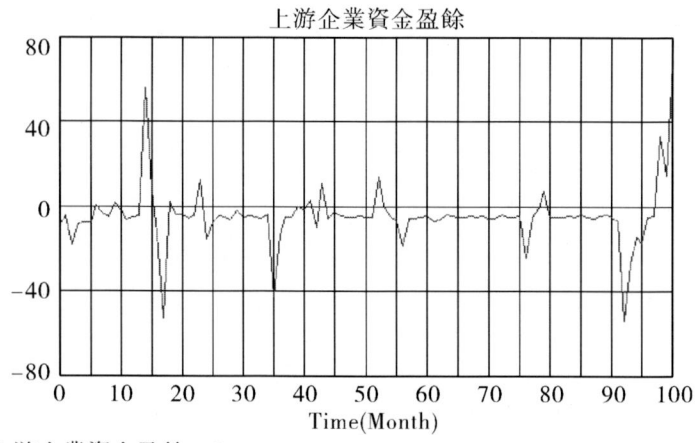

上游企業資金盈餘

（圖表）

上游企業資金盈餘：Current ———

圖5.16　上游企業資金池與上游企業資金盈餘即時動態變化對比圖示

（4）供應鏈系統

從圖5.17可以看出，上游企業資金盈餘、核心企業資金盈餘、下游企業資金盈餘三者之間並沒有一致性和同步性。比如第10 Month左右的點，可以看出核心企業資金盈餘為正數，上游企業與下游企業資金為負數，這個時候核心企業並不需要商業銀行信貸支持，但是供應鏈上其他企業則需要信貸支持。

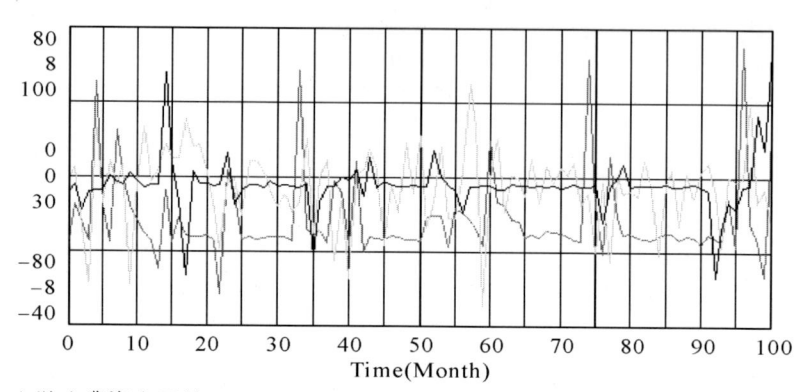

上游企業資金盈餘：Current ———
下游企業資金盈餘：Current ·········
核心企業資金盈餘：Current ─ ─ ─

圖 5.17　上下游企業與核心企業資金盈餘即時變化對比圖

從圖 5.18 可以看出，比如第 10、20、30、40、50、60、70、80、90、100 Month 左右的點，上游企業資金、核心企業資金、下游企業資金三者之間也沒有一致性和同步性，雖然這些點大都位於曲線的谷底位置，但可以看出核心企業資金為正數，上游企業與下游企業資金很多點為負數，這個時候核心企業並不需要商業銀行信貸支持，但是上游企業與下游企業需要信貸支持，否則可能出現資金鏈斷裂的風險。

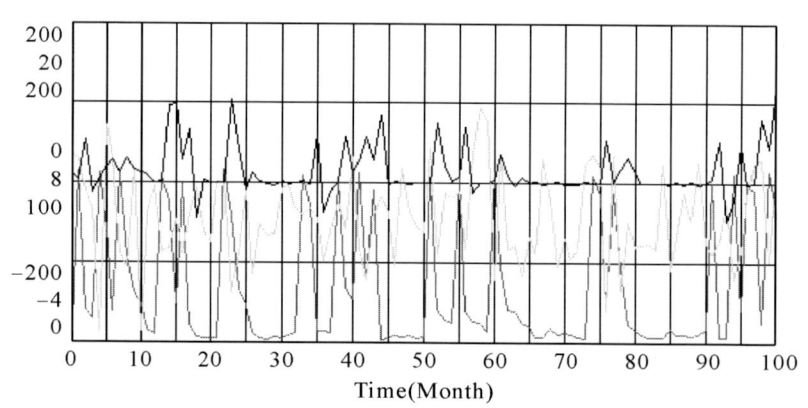

上游企業資金：Current ———
下游企業資金：Current ·········
核心企業資金：Current ─ ─ ─

圖 5.18　上下游企業與核心企業資金即時變化對比圖

從圖 5.19 可以看出，幾家商業銀行的授信行為有時具有同步性，也就是說，當供應鏈上某企業資金出現短缺時候，各自授信的商業銀行會通過信貸資金為某企業注入資金。但是幾家商業銀行的授信行為有時具有非同步性，也就是說，當供應鏈上某企業資金出現短缺時候，只是其中一家商業銀行向某企業注入資金時，其他商業銀行或者分行就沒有義務和權限必要進行資金信貸。

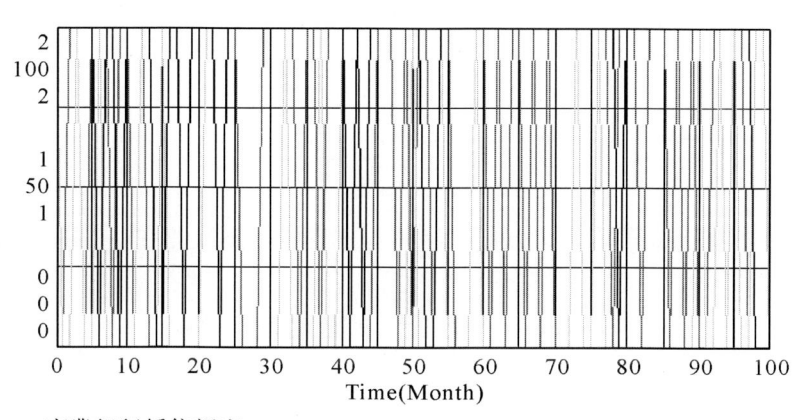

商業銀行授信額度1：Current ——
商業銀行授信額度2：Current ……
商業銀行授信額度3：Current ——

圖 5.19　各商業銀行授信額度即時變化對比圖

從圖 5.20 可以看出，供應鏈各個企業資金盈餘有關的各個支流架構。

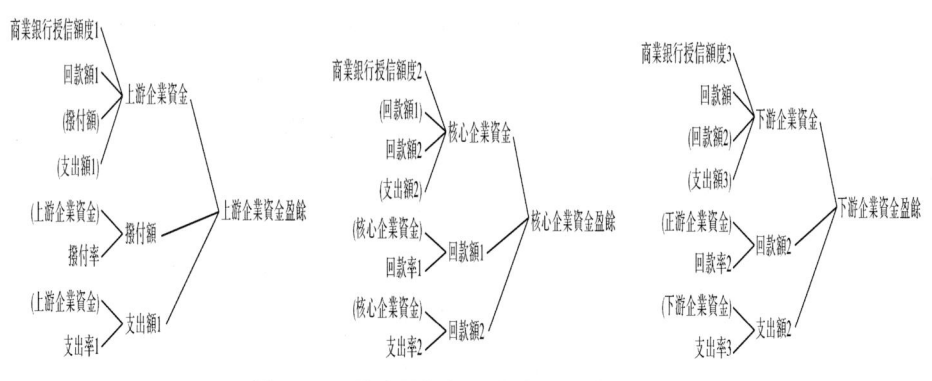

圖 5.20　供應鏈各個企業資金盈餘樹狀圖

從圖 5.21 可以看出：上下游及核心企業資金池、上下游及核心企業資金盈餘兩者呈同方向變動。商業銀行授信額度與上下游及核心企業資金池呈反向變化，這解釋當某企業缺乏資金時，獨立的商業銀行授信額度增加；反之，獨立商業銀行授信額度減少。

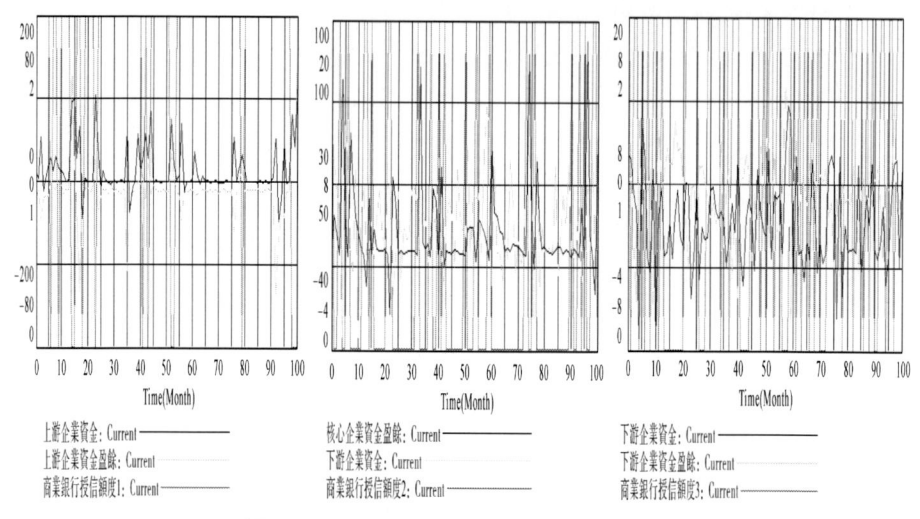

图 5.21 各企业资金池即时动态变化图示

5.2.3.5 Dynamo 方程及仿真实验

Dynamo 方程如下：

上游企业资金＝回款额1-拨付额-支出额1+商业银行授信额度1，initial value＝10

核心企业资金＝商业银行授信额度2+回款额2-回款额1-支出额2，initial value＝10

下游企业资金＝回款额-回款额2-支出额3+商业银行授信额度3，initial value＝10

上游企业资金盈余＝上游企业资金-拨付额-支出额1

核心企业资金盈余＝核心企业资金-支出额2-回款额1

下游企业资金盈余＝下游企业资金-回款额2-支出额3

商业银行授信额度1＝IF THEN ELSE（上游企业资金盈余＜＝0，2，0）

商业银行授信额度2＝IF THEN ELSE（核心企业资金盈余＜＝0，100，0）

商业银行授信额度3＝IF THEN ELSE（下游企业资金盈余＜＝0，2，0）

拨付额＝上游企业资金＊拨付率

回款额1＝回款率1＊核心企业资金

回款额2＝下游企业资金＊回款率2

回款额＝回款率3＊10

拨付率＝RANDOM NORMAL（0，1，0.5，0.5，5）

回款率1＝RANDOM NORMAL（0，1，0.5，0.5，5）

回款率2=RANDOM NORMAL（0，1，0.5，0.5，5）

回款率3=RANDOM NORMAL（0，1，0.5，0.5，5）

支出額1=上游企業資金＊支出率1+5

支出額2=支出率2＊核心企業資金

支出額3=下游企業資金＊支出率3

支出率1=RANDOM NORMAL（0.2，1，0.5，0.5，5）

支出率2=RANDOM NORMAL（0，1，0.2，0.1，5）

支出率3=RANDOM NORMAL（0.2，1，0.5，0.5，5）

數值模擬結果見表5.4。

表5.4　　　　　　　　　數值模擬結果

Time (Month)	上游企業資金	Time (Month)	下游企業資金	Time (Month)	核心企業資金
0	10	0	10	0	10
1	3.070,94	1	9.728,96	1	106.84
2	53.394,2	2	7.280,08	2	20.376,3
3	-13.473,8	3	5.979,02	3	14.685
4	5.271,85	4	-3.150,51	4	105.579
5	18.926,4	5	12.277,7	5	70.967,8
6	27.622,3	6	9.791,3	6	19.411,2
7	12.116,5	7	2.563,64	7	104.672
8	29.702,7	8	1.608,95	8	52.880,4
9	14.298,2	9	9.062,06	9	30.973,9
10	12.426,7	10	-3.150,09	10	24.006,9
11	7.159,95	11	5.668,56	11	7.917,21
12	-1.453,09	12	7.669,45	12	4.746,58
13	1.207,16	13	2.839,16	13	103.504
14	95.053,1	14	2.985,66	14	87.607,7
15	98.196,6	15	5.174,61	15	23.445
16	26.950,4	16	2.535,79	16	98.980,5
17	65.073,1	17	5.614,2	17	10.605,7
18	-44.689,6	18	7.483,02	18	3.131,32
19	3.296,06	19	4.226,5	19	2.198,94

表5.4(續)

Time（Month）	上游企業資金	Time（Month）	下游企業資金	Time（Month）	核心企業資金
20	-1.682,05	20	3.429,91	20	2.213,46
21	-1.577,34	21	8.079,47	21	2.075,68
22	-1.738,84	22	7.942,58	22	107.616
23	102.239	23	-0.264,843	23	78.849,5
24	40.501,2	24	2.619,46	24	32.631,1
25	-10.163,3	25	7.365,91	25	22.333,4
26	11.083	26	1.090,73	26	6.231,2
27	0.246,155	27	4.887,88	27	1.822,06
28	-1.876,92	28	3.971,59	28	1.173,56
29	-4.012,14	29	4.140,32	29	2.756,6
30	0.302,686	30	7.485,39	30	2.399,68
31	-3.008,39	31	7.766,48	31	3.990,52
32	-0.865,443	32	5.983,43	32	5.622,41
33	1.438,8	33	5.441,77	33	104.411
34	-2.909,13	34	6.070,04	34	84.901,1
35	59.747,4	35	5.257,7	35	6.594,71
36	-37.83	36	2.086,31	36	7.044,01
37	-11.470,3	37	4.335,31	37	5.788,72
38	0.497,697	38	6.596,85	38	100.928
39	56.758,1	39	4.476,17	39	33.279,2
40	10.836,9	40	9.820,5	40	26.061,4
41	25.370,5	41	2.991,57	41	106.174
42	56.695	42	0.679,897	42	38.798,5
43	27.529,3	43	5.521,11	43	94.715,6
44	83.490,2	44	6.837,95	44	1.527,6
45	-3.883,22	45	5.692,88	45	2.117,29
46	0.852,551	46	1.713,43	46	4.364,35
47	-1.340,87	47	8.996,18	47	3.513,55
48	-2.291,22	48	5.780,51	48	4.160,76

表5.4(續)

Time (Month)	上游企業資金	Time (Month)	下游企業資金	Time (Month)	核心企業資金
49	−1.049,81	49	4.658,43	49	2.095,37
50	−1.591,09	50	4.143,18	50	3.110,61
51	−0.292,507	51	10.507	51	100.247
52	73.538,9	52	2.593,88	52	19.932,6
53	19.656,6	53	7.159,39	53	14.133,3
54	1.321,96	54	6.829,92	54	11.651,6
55	7.833,49	55	7.294,69	55	103.242
56	68.137,3	56	3.009,78	56	19.127,3
57	−12.685,1	57	10.093,4	57	13.284,9
58	−1.497,22	58	13.581,8	58	12.131,7
59	−0.324,854	59	12.651,9	59	6.480,83
60	3.502,95	60	0.701,021	60	106.426
61	35.234,4	61	10.021,2	61	47.703,3
62	7.862,47	62	2.956,32	62	19.825,2
63	−4.138,81	63	3.244,22	63	19.07
64	5.733,18	64	1.005,55	64	11.779,7
65	−1.191,83	65	3.852,91	65	9.714,95
66	1.446,84	66	2.606,62	66	3.527,74
67	−2.692,66	67	9.818,28	67	3.342,11
68	−1.286,21	68	6.640,48	68	8.828,8
69	0.815,49	69	1.676,65	69	5.049,65
70	−2.267,03	70	3.725,13	70	5.363,77
71	−2.884,86	71	2.279,36	71	5.037,04
72	−2.699,13	72	2.899,48	72	2.828,53
73	0.197,008	73	9.350,22	73	1.787,9
74	−1.353,04	74	10.114,4	74	104.228
75	−1.663,8	75	9.156,39	75	92.195,1
76	52.963	76	−1.693,59	76	23.294,1
77	0.529,797	77	10.006,3	77	93.297,3

表5.4(續)

Time (Month)	上游企業資金	Time (Month)	下游企業資金	Time (Month)	核心企業資金
78	17.258,9	78	-0.055,111,9	78	46.360,6
79	30.375,6	79	4.961,26	79	10.974,5
80	13.686,6	80	3.123,79	80	7.284,18
81	-0.090,713,5	81	3.198,32	81	4.589,92
82	-1.617,01	82	3.365,52	82	2.932,03
83	-1.660,02	83	2.984,71	83	2.840,09
84	-0.590,282	84	9.354,25	84	2.841,57
85	-2.815,75	85	1.403,18	85	8.321,74
86	0.864,343	86	3.895,26	86	4.556,59
87	-2.598,27	87	7.147,55	87	4.937,28
88	0.664,019	88	5.086,02	88	3.632,45
89	-2.028,46	89	9.407,26	89	4.488,97
90	-0.615,943	90	3.292,2	90	8.581,67
91	4.521,53	91	2.560,6	91	99.882,5
92	51.355,9	92	3.601,82	92	3.505,95
93	-49.957,6	93	6.318,8	93	3.348,26
94	-22.197,4	94	0.789,947	94	104.586
95	45.480,9	95	2.852,75	95	20.167,5
96	-2.334,3	96	6.990,72	96	98.139,1
97	-1.175,46	97	9.427,35	97	95.083,6
98	80.223,1	98	9.724,23	98	12.046,2
99	41.957,1	99	2.029,63	99	106.573
100	119.195	100	9.002,46	100	84.310,9

5.2.3.6 資金池共享機制下的聯合授信系統動力學

同樣，通過商業銀行聯合授信的中小企業供應鏈金融系統的分析，我們也可以用Vensim軟件在計算機上描述出各因素之間的結構和因果關係圖見圖5.22。

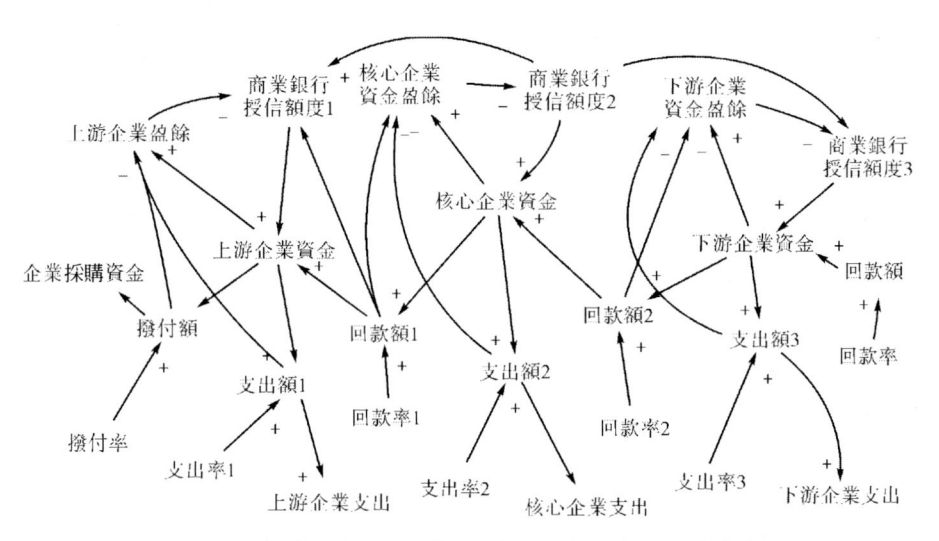

圖 5.22　Vensim 軟體下的中小企業供應鏈金融各因素之間結構的因果關係

　　在供應鏈金融共享授信模式中，上游企業資金流、核心企業資金流、下游企業資金流的大小分別與企業的銷售收入來源、企業的支出成本、企業的商業銀行授信額度三大要素存在正相關關係或者負相關關係：銷售收入回款額越多，企業現金流就越大；企業的支出成本越大，企業資金流就越小；企業商業銀行額度越大，企業的資金流就越大。企業的支出額的大小一方面與資金流的大小有正相關關係，另一方面與支出率有負相關關係。企業資金盈餘利潤與企業資金流存在正相關關係，與企業成本支出存在負相關關係。商業銀行的授信額度與企業的資金流有正相關關係，同時與企業的盈利也有正相關關係。但是，商業銀行的信貸槓桿與每個企業存在聯合授信信用關係，商業銀行可以在供應鏈上上游企業、核心企業、下游企業之間調劑使用盈餘的信用額度。

　　從圖 5.23 可以看出，核心企業、上下游企業、商業銀行彼此之間通過輔助箭頭連接，這樣形成的資金池彼此是可以共享的，即在一個企業缺乏資金時，可以通過流圖進行系統內自動調節。

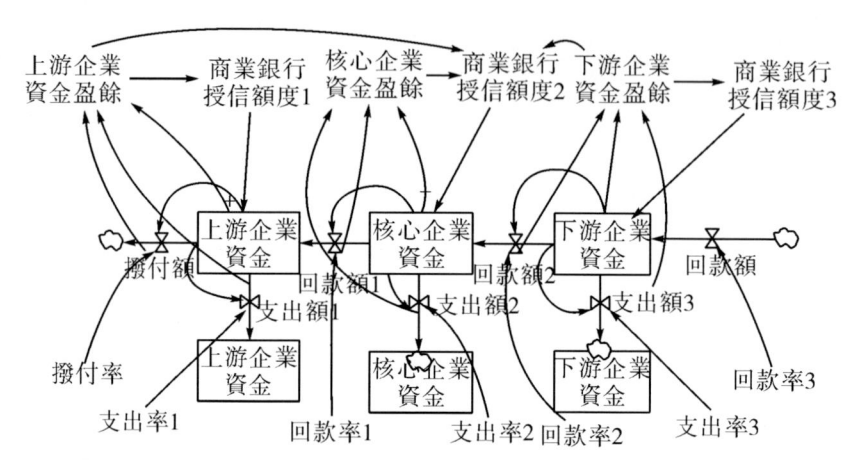

圖 5.23　供應鏈金融共享授信模式系統流圖

　　Dynamo 方程修訂：僅僅對供應鏈金融模式下以下三個方程進行修改，原有的其他仿真 Dynamo 方程保持不變然後進行對比仿真實驗。

　　商業銀行授信額度 2＝IF THEN ELSE（上游企業資金盈餘＜＝0：OR：下游企業資金盈餘＜＝0：OR：核心企業資金盈餘＜＝0，100，0）

　　上游企業資金＝回款額 1＋商業銀行授信額度 1＋商業銀行授信額度 2－撥付額－支出額 1

　　下游企業資金＝回款額＋商業銀行授信額度 2＋商業銀行授信額度 3－回款額 2－支出額 3

　　對比圖 5.24 和圖 5.25 可以知道：如果不實施供應鏈金融，上游企業和下游企業都可能出現動態資金缺口，而且上游企業資金有時缺口很大；如果實施供應鏈金融，下游企業動態資金一直為正數，扭轉了圖 5.24 中存在資金缺口的狀況，資金鏈動態穩定為正數，同時上游企業的資金狀況也得到了較大的改觀，只是少數時間段可能存在資金為負數。

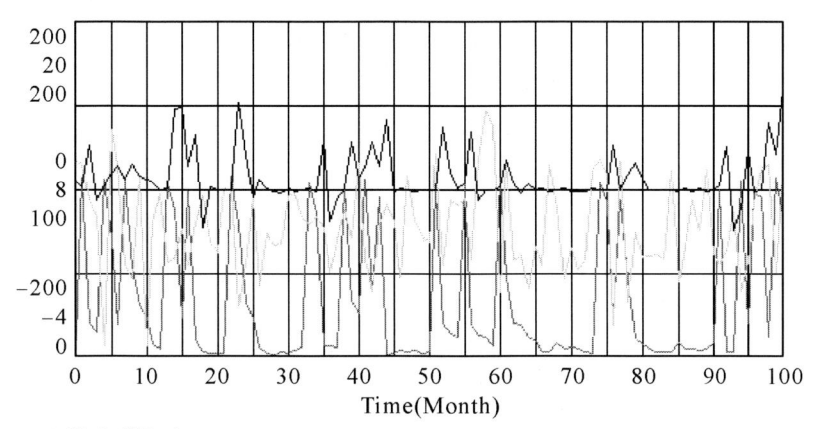

[圖表]

上游企業資金：Current ——————
下游企業資金：Current
核心企業資金：Current ——————

圖 5.24　不實施供應鏈金融資源整合

[圖表]

上游企業資金：Current ——————
下游企業資金：Current
核心企業資金：Current ——————

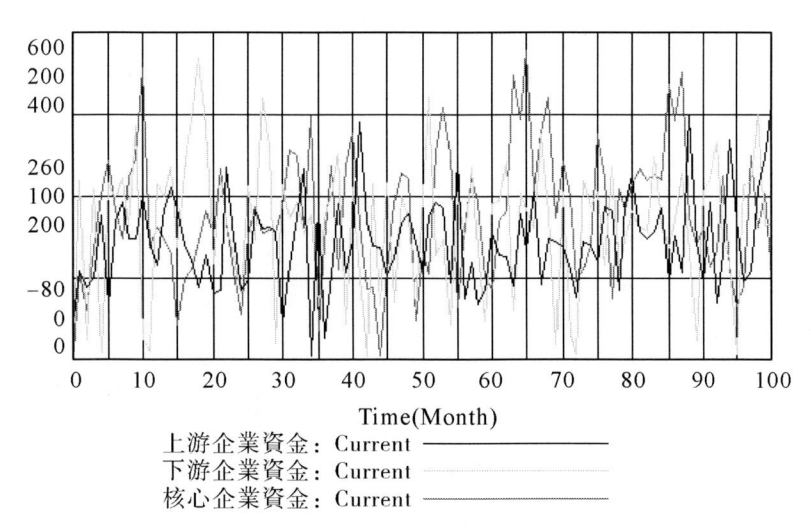

圖 5.25　實施供應鏈金融資源整合

對比圖 5.26 和圖 5.27 可以看出，圖 5.26 的非供應鏈金融的商業信貸額度之間沒有調用互補關係，上游企業信貸、核心企業信貸、下游企業信貸是獨立行為，呈離散分佈狀態；圖 5.27 的供應鏈金融則表現出企業之間的信用額度共享，當下游企業或者上游企業信用額度不夠或者資金鏈出現斷裂風險時候，核心企業就可以將自己剩餘的信用額度轉移給上下游企業使用，呈連續分佈狀態。供應鏈金融聯合授信共享制度一方面可以降低中小企業信貸違約風

險，另一方面也可以優化金融資源利用。

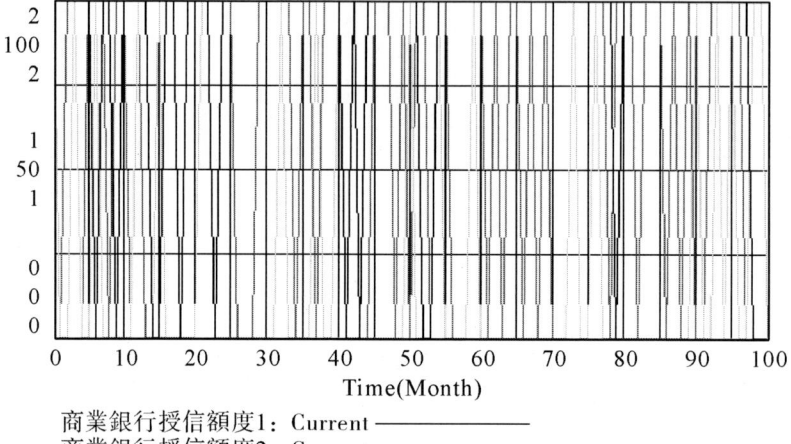

商業銀行授信額度1：Current ————
商業銀行授信額度2：Current ————
商業銀行授信額度3：Current ————

圖 5.26　非供應鏈金融獨立授信

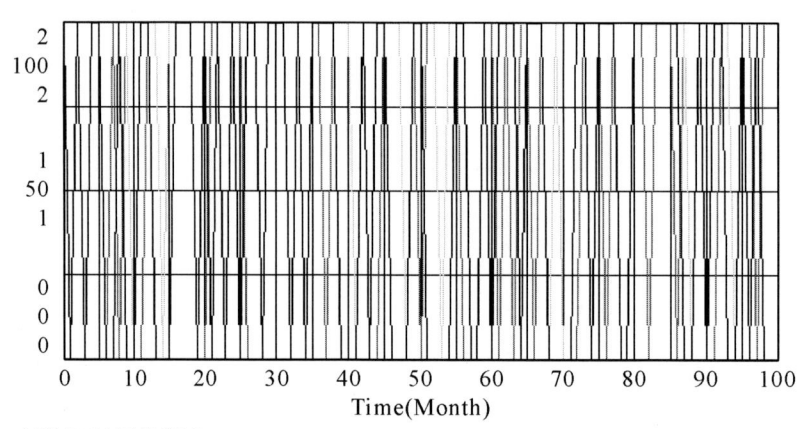

商業銀行授信額度1：Current ————
商業銀行授信額度2：Current ————
商業銀行授信額度3：Current ————

圖 5.27　供應鏈金融聯合授信

5.2.3.7　敏感性分析

當外部經濟惡劣，比如經濟危機或者企業遭遇市場危機或者自然災害極值狀態下，假設下游企業銷售回款率為零，企業收入沒有來源，仿真實驗這一衝擊變量對供應鏈系統的影響（見圖 5.28）。

從圖 5.28（1）可以看出，如果實施供應鏈金融，即使下游企業處於極端

惡劣的外部環境下（比如 2008 年金融危機），供應鏈資金流動的穩健性較好；下游企業和核心企業在金融資源的優化調配下，能夠保持現金流缺口為零；上游企業除了少數時間段資金存在較小的缺口，也保持了較好的穩定性。商業銀行在受到下游企業的外部衝擊時，為了維護整個供應鏈的安全，商業銀行的信貸保持了原有的力度和延續性，如圖 5.28(2) 所示。

(1)

上游企業資金：Current
下游企業資金：Current
核心企業資金：Current

(2)

商業銀行授信額度1：Current
商業銀行授信額度2：Current
商業銀行授信額度3：Current

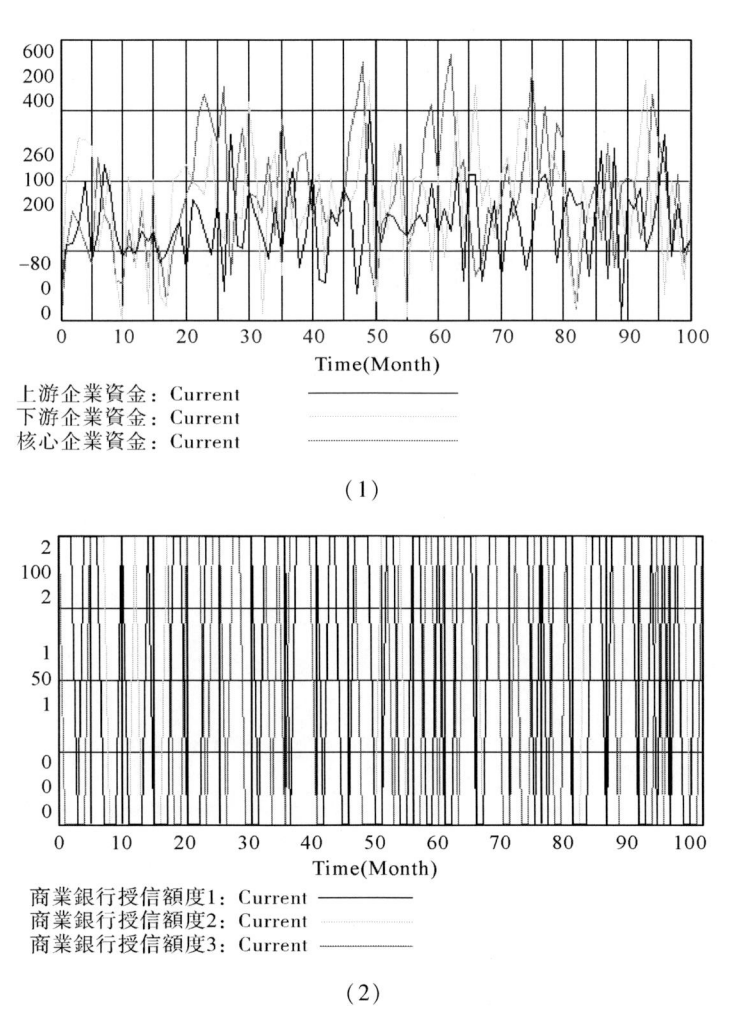

圖 5.28　供應鏈金融下企業資金的需求和供給

5.3 對於特殊供應鏈的研究——以閉環供應鏈為例

閉環供應鏈中，上游企業出售商品給核心企業獲得款項後，會將一部分資金用於購買閉環上下游企業的回收產品，還有一部分資金用於企業留存，形成上游企業資金的盈餘，其他部分資金用於企業的各種成本支出。同樣，當上游企業的資金鏈斷裂時，它可以按照商業銀行的授信額度獲得部分資金。

通過對中小企業閉環供應鏈系統的分析，我們可以用 Vensim 軟件在計算機上描述出各因素之間的結構和因果關係圖見圖 5.29。

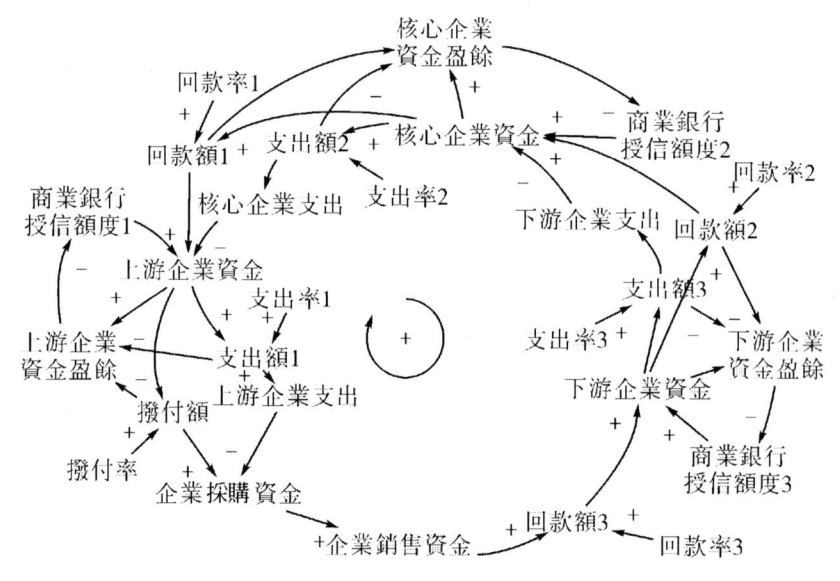

圖 5.29　中小企業閉環供應鏈系統因果圖

5.3.1　系統流程圖

在上述因果關係圖的基礎上，按照 Vensim 軟件系統流程圖的建模規則：首先，確定中小企業閉環供應鏈的水準變量，它包括上游企業資金、下游企業資金、核心企業資金、企業銷售資金、企業採購資金五個水準變量。其次，確定速率變量，它包括撥付額、支付額1、支付額2、支付額3、回款額1、回款額2、回款額3七個速率變量，以及這七個速率變量相應的撥付率、支付率1、支付率2、支付率3、回款率1、回款率2、回款率3七個輔助變量。最後，流

程圖中還包括與水準變量和速率變量相對應的上游企業資金盈餘、核心企業資金盈餘、下游企業資金盈餘、商業銀行授信額度1、商業銀行授信額度2、商業銀行授信額度3六個輔助變量。通過Vensim軟件構建出的系統流程見圖5.30。

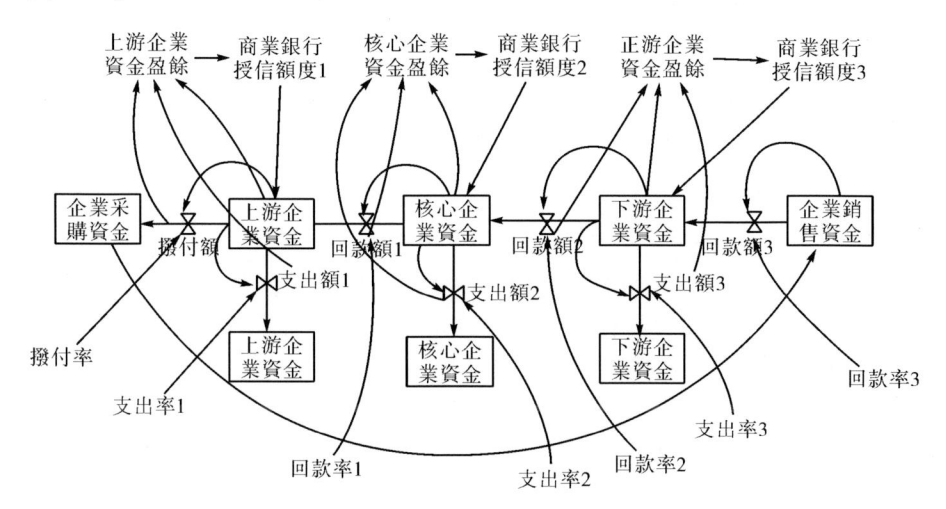

圖5.30 中小企業閉環供應鏈系統流程圖

5.3.2 系統仿真

（1）根據Vensim軟件建立的系統流程圖設置參數簡化名稱。

企業採購資金—EPC（Enterprises Procurement Capital）

上游企業資金—UEC（Upstream Enterprises Capital）

核心企業資金—CEC（Core Enterprises Capital）

下游企業資金—DEC（Downsteam Enterprises Capital）

企業銷售資金—ESC（Enterprises Sales Capital）

上游企業支出—UEP（Upstream Enterprises Payout）

核心企業支出—CEP（Core Enterprises Payout）

下游企業支出—DEP（Downstream Enterprises Payout）

上游企業資金盈餘—UES（Upstream Enterprises Surplus）

核心企業資金盈餘—CES（Core Enterprises Surplus）

下游企業資金盈餘—DES（Downstream Enterprises Surplus）

商業銀行授信額度1，2，3—CBL_1，CBL_2，CBL_3（Commercial Banks Line）

回款額1，2，3—BA_1，BA_2，BA_3（Back to the Amount）

回款率 1，2，3——BR_1，BR_2，BR_3（Back to the Amount Rate）

支出額 1，2，3——PA_1，PA_2，PA_3（Payout Amount）

支出率 1，2，3——PR_1，PR_2，PR_3（Payout Rate）

撥付額——PA（Payment Amount）

撥付率——PR（Payment Rate）

（2）根據系統流圖的數量關係寫出對應的 Dynamo 方程式。

L_1　$UPC \cdot K = UPC \cdot J + DT * (BR_1 \cdot JK - PR_1 \cdot JK - PR \cdot JK)$

L_2　$CEC \cdot K = CEC \cdot J + DT * (BR_2 \cdot JK - PR_2 \cdot JK - BR_1 \cdot JK)$

L_3　$DEC \cdot K = DEC \cdot J + DT * (BR_3 \cdot JK - PR_3 \cdot JK - BR_2 \cdot JK)$

R_1　$EPCR \cdot KL = BR_1 * CEC + CBL_1 - PR * UEC - PR_1 * UEC$

R_2　$CECR \cdot KL = BR_2 * DEC + CBL_2 - BR_1 * CEC - PR_2 * CEC$

R_3　$DECR \cdot KL = BR_3 * ESC + CBL_3 - BR_2 * DEC - PR_3 * DEC$

A_1　$CBL_1 \cdot K = UES(UES \leq 0)$，$CBL_1 \cdot K = 0(UES \geq 0)$

A_2　$CBL_2 \cdot K = CES(CES \leq 0)$，$CBL_2 \cdot K = 0(CES \geq 0)$

A_2　$CBL_3 \cdot K = DES(DES \leq 0)$，$CBL_3 \cdot K = 0(DES \geq 0)$

N　　$ESC = EPC = 10$

（3）在 Dynamo 方程基礎之上轉化為 Vensim 方程。

特別需要注意的是，由於市場的供需變化導致企業的支出率和回款率上下波動，假設市場波動是服從正態分佈的隨機過程，那麼企業支出率和回款率的 Vensim 方程可以表示為：

BR_1 = RANDOM NORMAL（最小值 m_1，最大值 x_1，平均值 r_1，標準差 h_1，函數種子 s_1）

其他回款率 BR_2，BR_3 和支出率 PR_1，PR_2，PR_3 等同樣可以表述出來，仿真實驗時可以取不同值進行仿真分析。

然後利用計算機進行仿真實驗：設置 initial time 為 0，final time 為 100 Months，步長為 1 個月。

（4）上游企業盈餘動態趨勢圖。

從圖 5.31 中可以看出，在上游企業運行的前 5 年左右，由於企業的規模較小，企業的資金盈餘變動較小，並且企業的收支大體平衡，收入 = 支出，企業基本沒有盈餘。但在上游企業運作的後 5 年左右，隨著經營規模的擴大，上游企業資金盈餘的波動幅度開始增大，出現頻繁震盪的趨勢，這時企業經營常常會出現收入<開支或者收入>開支的情形。當上游企業資金盈餘為負數時，企業處於虧損狀態，即使它使用了自己的商業銀行授信額度 1，現金流量仍然不足，所以這時候就需要從核心企業處借入商業銀行的授信額度，以增強上游

企業資金的流動性，避免資金鏈條斷裂。

上游企業資金盈餘

上游企業資金盈餘：Current ———

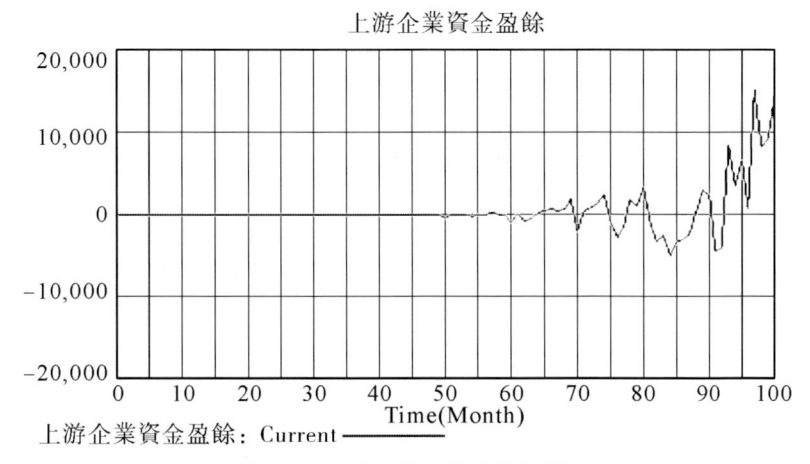

圖 5.31　上游企業盈餘動態趨勢圖

（5）核心企業盈餘動態趨勢圖。

從圖 5.32 可以看出，核心企業利用在中小企業閉環供應鏈中的核心地位，能夠長時間地獲得更多的資金盈餘，形成企業的經營利潤。核心企業與上下游企業一樣，在企業經營的前期階段，由於受到經營規模的影響，並不能從市場中獲取超額利潤，這時收支平衡，即收入＝支出。只有到了核心企業經營的後期，隨著中小企業產業鏈的升級以及企業的成長，可以保證企業獲得越來越多的資金盈餘，這時候收入＞開支，並形成資金的累積。同時，我們可以觀察到，即使在核心企業的發展壯大時期，市場需求的隨機波動以及企業成本支出的隨機波動，往往也會導致核心企業盈餘額呈現出上下波動的動態變化趨勢。

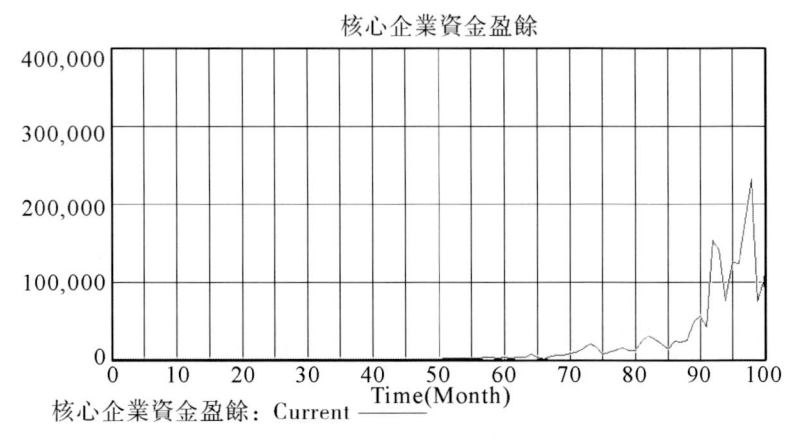

核心企業資金盈餘

核心企業資金盈餘：Current ———

圖 5.32　核心企業盈餘動態趨勢圖

（6）下游企業盈餘動態趨勢圖。

圖5.33表明：在企業成長前六七年左右時間內，企業處於創業初期，資金流量較小，收支大體相等，收入＝支出，企業資金鏈條處於均值為零的穩定均衡狀態，這時企業資金鏈條斷裂的風險較小。當企業不斷發展壯大，到了企業運作的後4年左右時間內，企業的資金鏈隨著市場變動呈現出上下波動的趨勢，在一些時候企業可以獲得較多的盈利，有時候也會出現較多的虧損。當企業的資金鏈由於市場的規模擴大而表現出不穩定狀態時候，資金鏈會表現出一定的脆弱性，如果沒有外部資金的注入，可能會導致企業破產。

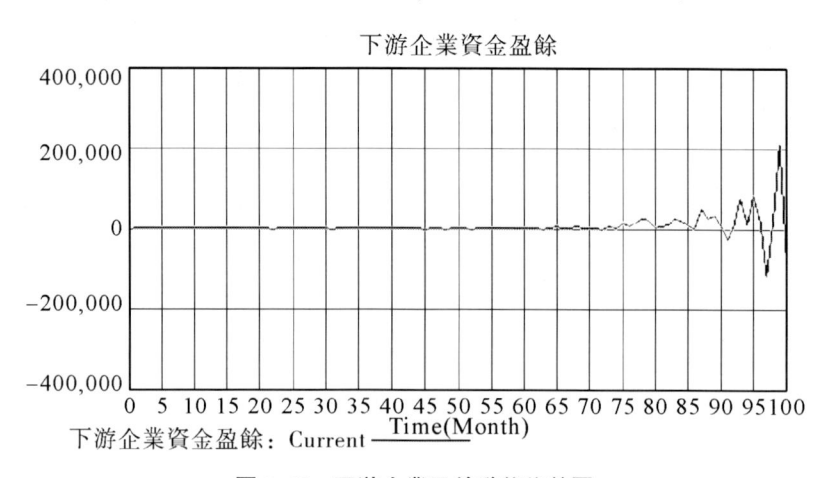

圖5.33　下游企業盈餘動態趨勢圖

5.3.3　解決措施

通過對中小企業閉環供應鏈的動態仿真分析，可以發現核心企業與上下游企業資金盈餘動態趨勢並不完全一致，當上下游中小企業處於虧損或者資金匱乏的時候，核心企業可能會有多餘的閒餘資金，特別是在企業發展的中後期階段，市場風險加劇的情況下，往往可以看到這樣的非同步均衡的波動趨勢。中小企業閉環供應鏈節點上的企業是利益共同體，上下游企業的虧損或者破產可能會直接影響核心企業的生產運作，因而需要對整條供應鏈進行金融資源系統優化。中小企業閉環供應鏈金融系統在整合資源、促進閉環供應鏈上企業合作共贏方面可以發揮其獨特的優勢：當核心企業有資金盈餘的時候，可以將盈餘資金以及商業銀行的授信額度按照一定的協議條件調配給中下游企業，幫助閉環供應鏈上的中下游企業克服短期的資金困難，保持中小企業閉環供應鏈系統節點企業的正常運作。

按照中小企業閉環供應鏈金融系統的構建思路，我們對中小企業閉環供應鏈系統流程圖增加了企業間的共享機制：一是核心企業盈餘資金的共享機制，二是商業銀行授信額度的授信機制。增補修正後的中小企業閉環供應鏈金融系統因果圖見圖5.34。

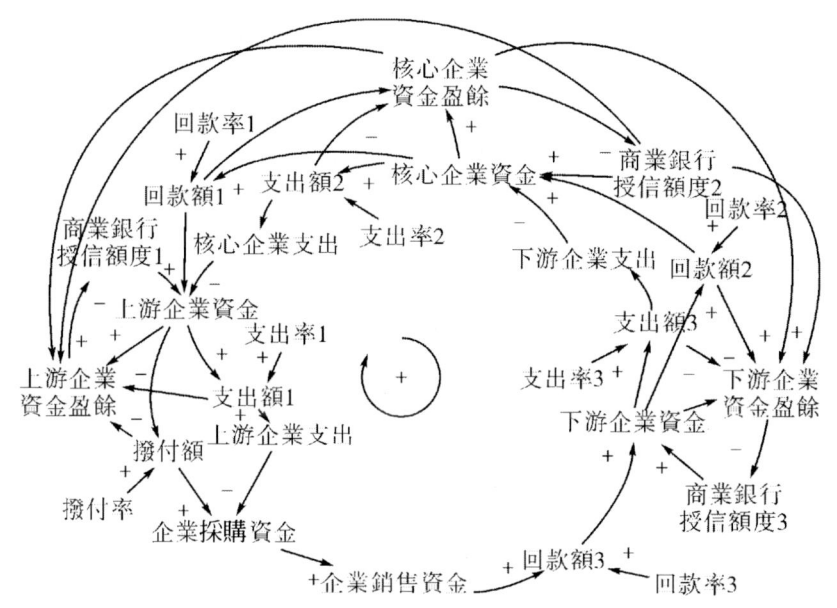

圖5.34　中小企業閉環供應鏈金融系統因果圖

在中小企業閉環供應鏈金融系統因果圖的基礎之上構建系統流程圖（由於篇幅限制省略），在系統Dynamo方程所有的初始變量以及其他參數與中小企業閉環供應鏈系統保持一致的基礎上進行仿真實驗，我們可以得到以下的動態仿真結果（見圖5.35）。

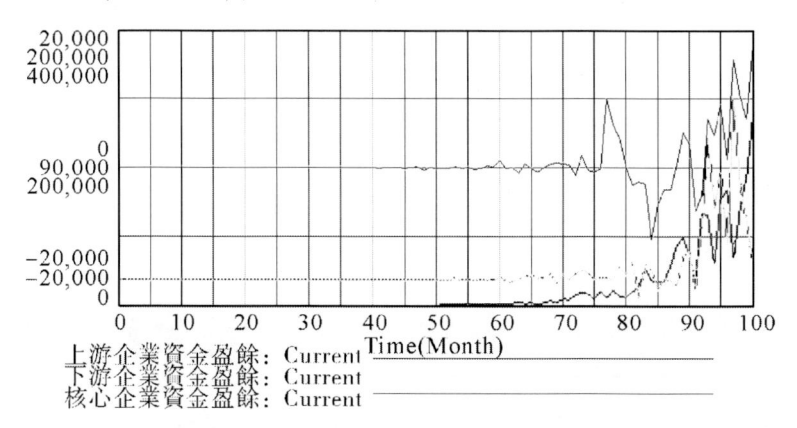

圖5.35　上下游及核心企業盈餘動態趨勢圖

通過分析中小企業閉環供應鏈金融系統的上下游及核心企業盈餘動態趨勢圖，我們可以看出以下兩種資金鏈系統優化的結果：

（1）從時點來看，中小企業閉環供應鏈金融系統改善了節點上個別企業的資金嚴重短缺的情況，核心企業扮演了「救生員」角色。即使供應鏈金融系統上下游企業在某些時點還會出現資金短缺，但是相對於中小企業閉環供應鏈的波動圖來說，資金的短缺量下降了數倍左右。譬如下游企業在圖 5.33 中的波動曲線的谷底出現了 10 萬元左右的資金短缺，但是經過系統優化，建立中小企業閉環供應鏈金融系統後，下游企業在圖 5.35 中的波動曲線的谷底出現了低於 2 萬元的資金短缺。

（2）從時段來看，中小企業閉環供應鏈金融系統與中小企業閉環供應鏈系統的不同之處在於各時段是否存資金供應鏈協同回應功能。通過圖 5.29 至圖 5.33 我們知道，中小企業閉環供應鏈系統各節點上的企業資金鏈相互獨立；從圖 5.34 和圖 5.35 中可以看出小企業閉環供應鏈金融系統各節點上的企業資金鏈相互聯繫。中小企業閉環供應鏈系統中，特別是在中小企業閉環供應鏈金融（SMECLSC）系統發展的中後期階段，即供應鏈各節點企業不斷擴張以及市場風險加劇的階段，中小企業閉環供應鏈金融發揮了協同配合、相互支持的作用。從圖 5.35 可以看出：比如從第 80 月份至第 90 月份，中下游企業以及核心企業資金鏈表現出相似的波形，即系統具有較強的協同回應功能。

5.4　本章小結

本章首先介紹線上供應鏈企業博弈的基本原理和應用方法，並對比研究了供應鏈企業的單個博弈參與人與線上合作博弈參與人的靜態均衡，然後利用演化博弈研究線上供應鏈金融的動態博弈演化過程，尋找演化博弈的穩定解與非穩定解。其次，運用系統動力學模型建立了非線上供應鏈金融與線上供應鏈金融的因果圖和系統流程圖，並分別進行了仿真實驗，對比實驗結果並進行瞭解釋。最後，對於意義比較重要的特殊供應鏈——閉環供應鏈金融的創新模式進行了系統仿真，並對比研究了非線上閉環供應鏈金融與線上閉環供應鏈金融的仿真結果。

6 線上中小企業信用風險違約概率模型建立與測算實驗

6.1 基於 Simulink 建立仿真模型與中小上市公司實證檢驗

6.1.1 仿真模型的建立

建立基於 Simulink 的仿真模型共有三個部分。

一是建立上市公司收益波動率仿真子系統，見圖 6.1。

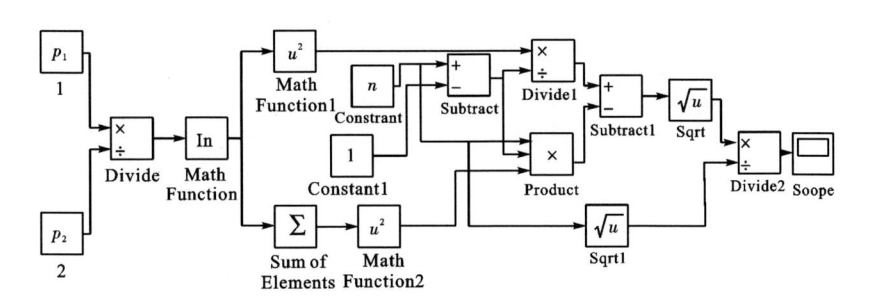

圖 6.1 上市公司收益波動率仿真子系統

二是運用 Matlab 中 Simulink 的各種運算工具，將 Black-Scholes-Merton 期權定價模型複雜的算法集成在仿真模型中，並在計算機上進行即時動態計算（見圖 6.2）。

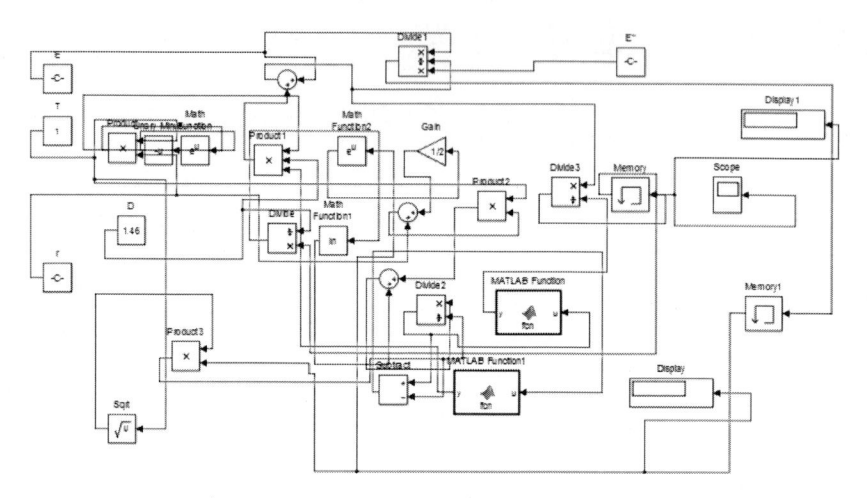

圖 6.2　上市公司收益波動率的動態計算

三是將 Black-Scholes-Merton 期權定價仿真模型解出的 V 以及 σ_0，連同已知的公司的短期負債 SL、長期負債 LL 代入下列 DD 仿真子系統，則可以解出違約距離 Default Distance（DD）的大小，見圖 6.3。

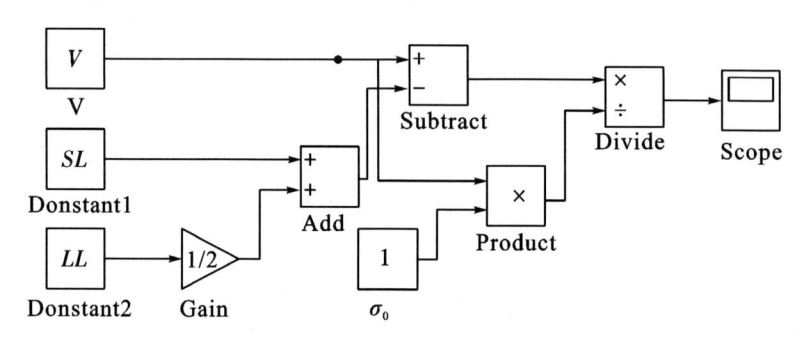

圖 6.3　DD 仿真子系統

6.1.2　實證檢驗——以中小板 ST 上市公司為例

根據 2011 年工信部對中小企業的定義，即年營業收入為 4,000 萬元以下的工業企業，選取 2015 年中小板科技型 ST 公司 14 家，同時也隨機選取中小板非 ST 上市科技型公司 20 家。將 2015—2016 年所有開市交易日的收盤價作為當日公司收益率，利用上市公司收益波動率仿真子系統（見圖 6.2）可以算出收益波動率的大小（見表 6.1）。

表 6.1　　　　　　　仿真子系統下的上市公司收益波動率

公司名稱	波動率	公司名稱	波動率
ST 建機（600984）	0.379,70	京新藥業（002020）	0.388,30
ST 生化（000403）	0.180,60	中捷資源（002021）	0.562,80
ST 古漢（000590）	1.014,00	科華生物（002022）	0.726,70
ST 蒙發（000611）	0.504,60	海特高新（002023）	0.934,50
ST 京藍（000711）	0.280,40	蘇寧雲商（002024）	0.483,30
ST 酒鬼（000799）	0.280,30	航天電器（002025）	0.822,00
ST 美利（000815）	0.355,80	山東威達（002026）	0.532,40
ST 星美（000892）	0.360,70	七喜控股（002027）	0.616,70
ST 皇臺（000995）	0.244,10	思源電氣（002028）	0.578,10
ST 新都（000033）	0.043,30	七匹狼（002029）	0.619,20
ST 明科（600091）	0.329,30	達安基因（002030）	0.683,20
ST 新億（600145）	0.233,70	巨輪智能（002031）	0.684,50
ST 中昌（600242）	0.269,50	蘇泊爾（002032）	0.521,40
ST 景谷（600265）	0.374,10	麗江旅遊（002033）	0.716,90
*ST 建機（600984）	0.379,70	美欣達（002034）	0.708,70
		華帝股份（002035）	0.541,40
		漢麻產業（002036）	0.774,60
		久聯發展（002037）	0.453,60
		雙鷺藥業（002038）	0.781,50
		黔源電力（002039）	0.239,30

將上述已知中小企業上市公司收益波動率以及其他參數取值代入 Black-Scholes-Merton 期權定價模型複雜的算法集成的仿真模型，可以求出公司資產變動率 σ_0、公司資產的單位市場價值 V_0。

第一步，其他參數數值處理。

E——公司股票每股市場價值，一般為一年中每一個交易日的平均收盤價格（見表 6.2）。

表 6.2　　　　　　　　　　　上市公司的平均收盤價

公司	平均收盤價 E	公司	平均收盤價 E
ST 建機（600984）	9.929,742,268	京新藥業（002020）	25.085,294,12
ST 生化（000403）	24.008,936,17	中捷資源（002021）	10.048,349,51
ST 古漢（000590）	22.185,597,83	科華生物（002022）	31.240,948,28
ST 蒙發（000611）	9.757,048,193	海特高新（002023）	23.305,584,42
ST 京藍（000711）	17.483,220,34	蘇寧雲商（002024）	14.359,230,77
ST 酒鬼（000799）	17.163,443,71	航天電器（002025）	26.756,487,6
ST 美利（000815）	20.905,336,13	山東威達（002026）	13.054,117,65
ST 星美（000892）	12.825,084,75	七喜控股（002027）	23.562,894,74
ST 皇臺（000995）	11.470,888,89	思源電氣（002028）	16.282,644,63
ST 新都（000033）	7.540,666,667	七匹狼（002029）	14.123,389,83
ST 明科（600091）	9.400,348,259	達安基因（002030）	43.102,234,04
ST 新億（600145）	5.757,350,427	巨輪智能（002031）	15.324,675,32
ST 中昌（600242）	11.321,363,64	蘇泊爾（002032）	23.614,683,54
ST 景谷（600265）	20.794,5	麗江旅遊（002033）	16.449,623,43
		美欣達（002034）	34.060,049,75
		華帝股份（002035）	15.332,663,76
		漢麻產業（002036）	20.700,068,03
		久聯發展（002037）	29.466,983,24
		雙鷺藥業（002038）	42.817,468,35
		黔源電力（002039）	16.818,649,79

T——公司債務有效期，一般設定為 1 年，即 $T=1$。

r——連續無風險利率，一般指該年度中國人民銀行頒布的各次基準利率的平均數，中國 2015 年幾次利率的調整水準和調整日期（見表 6.3）。

表 6.3　　　　　　上市公司不同日期下的一年期利息

日期	1.1	3.1	5.11	6.28	8.26	10.24	$\Sigma r_i/i$
一年期利息	2.75	2.5	2.25	2.00	1.75	1.5	2.125

$D = 4*$ 季度總負債之和/n 季度/總股本數。

總負債=短期負債（SL）+0.5*長期負債（LL）。

第二步，將上述參數值 E、D、T、r 代入 Black-Scholes-Merton 仿真模型中運行，可以得到 V_0、σ_0 的運行結果。將 V_0、σ_0 代入 DD 仿真子系統，可以得到 DD 的數值（見表6.4）。

表6.4　　　　DD 仿真子系統下上市公司的 DD 數值

公司名稱	V_0	σ_0	SL	LL	D	DD
ST 建機（600984）	11.58	0.379,70	1.641,14	0.101,19	1.69	2.25
ST 生化（000403）	26.43	0.180,60	2.255,37	0.424,99	2.47	5.02
ST 古漢（000590）	23.61	1.014,00	1.248,35	0.433,23	1.46	0.93
ST 蒙發（000611）	10.28	0.504,60	0.528,65	0	0.53	1.88
ST 京藍（000711）	22.15	0.280,40	3.621,39	2.296,21	4.77	2.80
ST 酒鬼（000799）	18.46	0.280,30	1.304,32	0.032,30	1.32	3.31
ST 美利（000815）	25.35	0.355,80	3.441,08	2.201,98	4.54	2.31
ST 星美（000892）	12.83	0.360,70	0.001,96	0	0.00	2.77
ST 皇臺（000995）	13.7	0.244,10	2.284,37	0	2.28	3.41
ST 新都（000033）	8.51	0.043,30	0.140,95	1.701,29	0.99	20.40
ST 明科（600091）	11.3	0.329,30	1.614,11	0.660,51	1.94	2.51
ST 新億（600145）	7.79	0.233,70	0.253,84	3.659,47	2.08	3.14
ST 中昌（600242）	17.81	0.269,50	5.862,82	1.528,73	6.63	2.33
ST 景谷（600265）	24.07	0.374,10	3.345,95	0	3.35	2.30
京新藥業（002020）	27.14	0.388,30	1.993,65	0.209,02	2.10	2.38
中捷資源（002021）	10.67	0.562,80	0.623,87	0.005,08	0.63	1.67
科華生物（002022）	31.57	0.726,70	0.326,58	0.017,12	0.34	1.36
海特高新（002023）	24.49	0.934,50	0.437,58	1.536,91	1.21	1.02
蘇寧雲商（002024）	21.07	0.483,30	6.112,41	1.498,28	6.86	1.40
航天電器（002025）	28.61	0.822,00	1.720,95	0.340,48	1.89	1.14
山東威達（002026）	14.00	0.532,40	0.956,88	0.020,29	0.97	1.75
七喜控股（002027）	23.59	0.616,70	0.026,35	0	0.03	1.62
思源電氣（002028）	18.75	0.578,10	2.486,44	0.063,20	2.52	1.50
七匹狼（002029）	17.01	0.619,20	2.916,49	0.068,66	2.95	1.33
達安基因（002030）	44.72	0.683,20	1.594,37	0.048,23	1.62	1.41
巨輪智能（002031）	16.84	0.684,50	1.484,90	0.127,36	1.55	1.33

表6.4(續)

公司名稱	V_0	σ_0	SL	LL	D	DD
蘇泊爾（002032）	26.96	0.521,40	3.403,31	0.038,15	3.42	1.67
麗江旅遊（002033）	17.27	0.716,90	0.437,60	0.807,33	0.84	1.33
美欣達（002034）	37.63	0.708,70	3.577,90	0.145,51	3.65	1.27
華帝股份（002035）	18.24	0.541,40	2.954,89	0.031,06	2.97	1.55
漢麻產業（002036）	21.14	0.774,60	0.446,52	0.003,14	0.45	1.26
久聯發展（002037）	45.42	0.453,60	14.578,05	3.436,80	16.30	1.41
雙鷺藥業（002038）	42.98	0.781,50	0.156,700	031,600,973	0.17	1.27
黔源電力（002039）	42.56	0.239,30	5.536,69	41.511,61	26.29	1.60

第三步，針對ST中小企業以及非ST中小企業的違約距離做一個配對T檢驗，分析企業之間是否存在違約距離上的差異。

（1）描述性指標。通過表6.5可以看出，ST中小企業的違約距離均值為3.954,1，明顯高於非ST中小企業1.493,6，ST中小企業違約距離的標準差4.821,62和標準誤均值1.288,63，也明顯高於非ST中小企業0.327,33和標準誤均值0.087,48。

表6.5　　　　　　　　ST中小企業樣本統計量

		Paired Samples Statistics			
		Mean	N	Std. Deviation	Std. Error Mean
Pair 1	VAR00001	3.954,1	14	4.821,62	1.288,63
	VAR00002	1.493,6	14	0.327,33	0.087,48

（2）兩類企業違約距離DD的相關係數分析，通過表6.6可知相關係數為-0.128，相伴概率為0.663，拒絕原假設，兩類企業相關性較弱。

表6.6　　　　　　　　兩企業違約距離DD的相關係數

		Paired Samples Correlations		
		N	Correlation	Sig.
Pair 1	VAR00001 & VAR00002	14	-0.128	0.663

（3）配對T檢驗結果顯示：自由度df = 19，t值 = 1.889，雙尾相伴概率Sig.（2-tailed）= 0.081，接受原假設。由此可知，ST中小企業以及非ST中小

企業的違約距離存在差異（見表6.7）。

表6.7　　　ST中小企業以及非ST中小企業的違約距離

Paired Differences					t	Sig.(2-tailed)
Mean	Std. Deviation	Std. Error Mean	95% Confidence Interval of the Difference			
			Lower	Upper		
2.460,71	4.874,37	1.302,73	-0.353,66	5.275,09	1.889	0.081

（4）差異解釋。

①對ST中小企業以及非ST中小企業的股票價格年波動率做T檢驗，從表6.8可以看出，ST公司的年波動率均值為0.346,4，低於非ST中小企業的年波動率水準0.633,6，$t = -4.830$，雙尾相伴概率Sig.（2-tailed）= 0，接受原假設，說明ST中小企業以及非ST中小企業負債水準存在明顯差別。這可能說明公司被證券交易所ST後，向金融市場傳遞了信號，導致ST公司股票價格年波動率比較穩定，波動風險反而較小。

表6.8　　　對ST中小企業以及非ST中小企業的差距解釋

		Paired Samples Statistics				t	Sig.(2-tailed)
		Mean	N	Std. Deviation	Std. Error Mean		
Pair 1	VAR00001	0.346,4	14	0.220,20	0.058,85	-4.830	0
	VAR00002	0.633,6	14	0.141,66	0.037,86		

②對ST中小企業以及非ST中小企業的平均每股債務水準做T檢驗，從表6.9中可以看出，ST公司的負債水準低於非ST中小企業的負債水準，$t = -1.021$，雙尾相伴概率Sig.（2-tailed）= 0.320，接受原假設，說明ST中小企業以及非ST中小企業負債水準存在明顯差別，這可能說明公司被證券交易所ST後，其他金融機構對ST公司緊縮信貸，導致ST公司負債率水準較低。

表6.9　　　ST中小企業以及非ST中小企業的平均債務水準T檢驗

		Paired Samples Statistics				t	Sig.(2-tailed)
		Mean	N	Std. Deviation	Std. Error Mean		
Pair 1	VAR00001	2.310,1	20	1.498,85	0.335,15	-1.021	0.320
	VAR00002	3.838,0	20	6.386,94	1.428,16		

第四步，如果 DD 為負數，說明企業資產價值小於企業負債總值，企業的違約概率趨近於 1。當 DD 為正數時，$P_2 = EDF = N(-DD)$，可以解出 ST 中小企業和非 ST 中小企業的違約概率。

從表 6.10 來看，它們違約的可能性都較低，除非特殊情況，商業銀行和其他金融機構對上市公司的信貸基本上是安全的。這也解釋了為什麼中國商業銀行對上市公司往往樂意採取寬鬆的信貸政策。

表 6.10　　　　　　　　　　上市公司違約概率計算

公司名稱	ST 建機 (600984)	ST 生化 (000403)	ST 古漢 (000590)	ST 蒙發 (000611)	ST 京藍 (000711)	ST 酒鬼 (000799)	ST 美利 (000815)
違約概率	0.010,72	0.000,00	0.184,06	0.028,73	0.002,56	0.000,48	0.010,72
公司名稱	ST 星美 (000892)	ST 皇臺 (000995)	ST 新都 (000033)	ST 明科 (600091)	ST 新億 (600145)	ST 中昌 (600242)	ST 景谷 (600265)
違約概率	0.002,56	0.000,34	0.000,00	0.006,21	0.000,97	0.010,72	0.010,72
公司名稱	京新藥業 (002020)	中捷資源 (002021)	科華生物 (002022)	海特高新 (002023)	蘇寧雲商 (002024)	航天電器 (002025)	山東威達 (002026)
違約概率	0.008,20	0.044,57	0.080,76	0.158,66	0.080,76	0.135,67	0.044,57
公司名稱	七喜控股 (002027)	思源電氣 (002028)	七匹狼 (002029)	達安基因 (002030)	巨輪智能 (002031)	蘇泊爾 (002032)	麗江旅遊 (002033)
違約概率	0.054,80	0.066,81	0.096,80	0.080,76	0.096,80	0.044,57	0.096,80
公司名稱	美欣達 (002034)	華帝股份 (002035)	漢麻產業 (002036)	久聯發展 (002037)	雙鷺藥業 (002038)	黔源電力 (002039)	
違約概率	0.096,80	0.054,80	0.096,80	0.080,76	0.096,80	0.054,80	

6.2　模糊數學在非上市公司信用風險管理領域中的應用原理

6.2.1　公司信用風險管理中的模糊數學

模糊數學在公司信用風險管理中的研究對象是非經典集合。在過去公司管理的經典集合概念中，公司所面對事物的屬性只有兩種：一種是「是」，通常用「$x \in A$」來表示；另一種是「非」，通常用「$x \notin A$」來表示。在公司信用風險管理領域內，模糊數學研究的是既不完全「屬於」又不完全「不屬於」的公司現象和事物，或者是「似是而非」的公司現象和事物。鄧輝文、郭美雲（2002）認為模糊集合通過隸屬度這一概念，可以描述以往數學無法把握的關

於對象（公司）類屬和性態的不確定性，並且通過確定隸屬函數，試圖尋找確定的隸屬規律，為數學找到了一種精確刻畫與處理模糊的方法，在精確的數學與充滿了模糊性的現實世界之間架起了一座橋樑。

在現代經濟環境中，中國許多國有公司、大型跨國公司、民營公司等面對日趨複雜的外部系統和內部系統變化時，經常也會採取模糊數學管理信用風險變動的方法。正如國際模糊數學最高獎（Fuzzy fellow）得主，中科院院士劉應明所說，我們的許多判斷都是基於模糊判斷，「模糊數學就像空氣一樣無處不在，並非人們想像的那樣深奧。人們說的話，10句中至少有8句是模糊的。如果什麼事情都要精確，你將寸步難行」。為了更好地科學評估與分析，並且瞭解公司信用風險管理背後的數學原理，在下面幾個小節中將對企管模糊數學做出簡要說明。

6.2.1.1　公司管理信用風險因素模糊集的含義

給出一個模糊映射，$A(x):U[0,1]$，其中 U 是公司管理中信用風險因素的總論域，$A(x)$ 為企業管理信用風險因素隸屬函數，即信用風險 x 對於企管信用風險因素的隸屬程度，在論域內［0,1］變動，不能超出這個範圍。公司信用風險因素隸屬度為「0」和「1」的時候為經典集合，即如果 $A(x) \equiv 0$ 或者 $A(x) \equiv 1$ 時，為信用風險「顯著點」或者信用風險最清晰點，即可以認為經典集合是模糊集合的特殊形式；公司信用風險因素隸屬度 $A(x) = 0.5$ 時，x 對於 A 的模糊程度最高，是最模糊風險點，最難判定其信用風險歸屬程度。

6.2.1.2　常見的幾種公司模糊風險隸屬函數的表達式

設公司信用風險模糊論域 $U = (u_1, u_2, \cdots u_i)$，$U \in [0, 1]$，$A(x_i) \equiv u_i$，$x_i \in X$，那麼公司模糊風險因素的隸屬函數 $A(x)$ 可以表示為：

（1）利用扎德（Zadeh）法表示公司模糊風險集合。L. A. Zadeh 於1965年在 *Fuzzy Sets* 中提出：

$$A(x) = A(x_1)/x_1 + A(x_2)/x_2 \cdots + A(x_n)/x_n = u_1/x_1 + u_2/x_2 \cdots + u_i/x_i$$
$$= \sum A(x_i)/x_i = \sum u_i/x_i ; (i = 1, 2, 3 \cdots n) \tag{6.1}$$

$A(x_i)$ 為公司信用風險 x_i 對於隸屬函數 A 的隸屬度，u_i 表示公司信用風險因素 x_i 對於隸屬函數 A 的隸屬度。

（2）利用序偶法表示公司模糊風險集合：

$$A(x) = \{(A(x_1), x_1), (A(x_2), x_2) \cdots\cdots (A(x_i), x_i)\} \tag{6.2}$$

$A(x_i)$ 為公司信用風險 x_i 對於隸屬函數 A 的隸屬度。

（3）利用模糊向量法表示公司模糊風險集合：
$$A(x)=(A(x_1),A(x_2),\cdots A(x_i))=(u_1,u_2,\cdots u_i) \qquad (6.3)$$
其中，任意 u_i 表示公司信用風險因素 x_i 對於隸屬函數 A 的隸屬度。

6.2.2 公司信用風險管理領域中模糊數學的基本運算法則

（1）公司信用風險模糊集之間的運算。

吳茂森在《基於模糊運算的訂貨庫存方案的選擇》中將模糊運算應用於公司管理領域，同時歸納了公司管理模糊運算的基本運算規則。

如果公司信用風險管理中的兩個模糊集合 $A(x)$，$B(x)$ 都在論域 U 上，且任意 $x \in A$，則 $x \in B$，那麼稱 $A \subseteq B$，即 $A(x) \le B(x)$；如果任意 $x \in A$，則 $x \in B$，且任意 $x \in B$，則 $x \in A$，則 $A=B$ 及 $A(x) = B(x)$。

公司信用風險管理中的兩個模糊集合的並：$(A \cup B) x = A(x) \vee B(x) = max(A(x), B(x))$，即信用風險模糊集合 A 與信用風險模糊集合 B 的並集對 x 的隸屬度取 $A(x)$ 與 $B(x)$ 兩者中的隸屬度較大者。

公司信用風險管理中兩個模糊集合的交：$(A \cap B)(x) = A(x) \wedge B(x) = min(A(x), B(x))$，即信用風險模糊集合 A 與信用風險模糊集合 B 的交集的對 x 的隸屬度取 $A(x)$ 與 $B(x)$ 兩者中的隸屬度較小者。

公司信用風險管理中兩個模糊集合的餘：$A^c(x) = 1 - A(x)$，$B^c(x) = 1 - B(x)$，即信用風險模糊因素 x 對信用風險模糊集合 A 的餘集的隸屬度等於 1 減去 x 對信用風險模糊集合 A 的隸屬度 $A(x)$，對模糊集合 B 也是如此。

（2）公司信用風險管理中模糊集合之間並、交、餘三種運算的性質。

梁保松、曹殿立（2007）在《模糊數學及其應用》一書中對公司信用風險模糊集合運算的性質做了較為詳細的總結。現將相關內容簡單地敘述如下：

①公司信用風險管理中的模糊集合的冪等律：$A \cup A = A$，$A \cap A = A$，$B \cup B = B$，$B \cap B = B$；任意模糊風險集合與自己的並、交運算後為原模糊風險集合本身。

②公司信用風險管理中的模糊集合的交換律：$A \cup B = B \cup A$，$A \cap B = B \cap A$。

任意公司模糊風險集合與另一模糊風險集合的並、交運算等於另一模糊風險集合與原模糊風險集合的並、交運算，模糊風險集合併、交運算秩序的改變不影響公司模糊風險集合運算的結果。

③公司信用風險管理中的模糊集合的結合律：$(A \cup B) \cup C = A \cup (B \cup C)$，$(A \cap B) \cap C = A \cap (B \cap C)$；三個或者三個以上的公司模糊風險集合之間的並、

交運算中，集合之間的結合秩序改變不影響公司模糊風險集合運算的結果。

④公司信用風險管理中的模糊集合的吸收律：$A \cup (A \cap B) = A, A \cap (A \cup B) = A$；任意一個公司模糊風險集合與其他模糊風險集合的「先交後並」的運算等於原模糊風險集合本身，或者是「先並後交」的運算同樣等於原信用風險模糊集合本身。

⑤公司信用風險管理中的模糊風險集合的分配律：$(A \cup B) \cap C = (A \cap C) \cup (B \cap C)$；$(A \cap B) \cup C = (A \cup C) \cap (B \cup C)$；公司三個模糊風險集合之間的「先並後交」的運算、或者「先交後並」的運算等於其中任意兩個模糊風險集合與一個模糊風險集合的「先交後並」的運算或者「先並後交」的運算。

⑥公司信用風險管理中的模糊風險集合運算的 0-1 律：$A \cup U = U$，$A \cap U = A$；$A \cup \emptyset = A$，$A \cap \emptyset = \emptyset$；任意一個模糊風險集合與全集的並運算等於全集，與全集的交運算等於自身；任意一個模糊風險集合與空集的並運算等於自身，與空集的交運算等於空集。

⑦公司信用風險管理中的模糊集合的還原律：$(A^c)^c = A$，$(B^c)^c = B$；公司任意模糊風險集合餘集的餘運算等於原模糊風險集合自身。

⑧公司信用風險管理中的模糊集合的對偶律：$(A \cup B)^c = A^c \cap B^c$，$(A \cap B)^c = A^c \cup B^c$；公司任意兩個模糊風險集合的「先並後餘」的運算等於這兩個模糊風險集合「先餘後交」的運算，任意兩個模糊風險集合的「先交後餘」的運算等於兩個模糊風險集合的「先餘後並」的運算。

(3) 公司信用風險管理中的模糊集合的模糊風險集合簇的並與交運算。

①$\bigcup\limits_{t \in T} A_t = \{x \mid x \in X, t \in T, s.t. x \in A_t\}$，即 $\bigcup\limits_{t \in T} A_t(x) = \bigvee\limits_{t \in T} A_t(x)$，當 t 取值不同，構成不同的公司模糊風險集合 A_t 形成的並集，$\bigvee\limits_{t \in T} A_t(x)$ 為公司模糊風險集合簇 $A_t(x)$ 的上確界。

$\bigcap\limits_{t \in T} A_t = \{x \mid x \in X, t \in T, s.t. x \in A_t\}$，即 $\bigcap\limits_{t \in T} A_t(x) = \bigwedge\limits_{t \in T} A_t(x)$，當 t 取值不同，不同的模糊風險集合 A_t 形成的交集，$\bigwedge\limits_{t \in T} A_t(x)$ 為公司模糊風險集合簇 $A_t(x)$ 的下確界。

②$A \cap (\bigcup\limits_{t \in T} A_t) = \bigcup\limits_{t \in T} (A \cap A_t)$，任意模糊風險集合與模糊風險集合簇並集的交運算等於模糊風險集與模糊風險集合簇「先交後和」運算。$A \cup (\bigcap\limits_{t \in T} A_t) = \bigcap\limits_{t \in T} (A \cup A_t)$，表示公司任意模糊風險集合與模糊風險集合簇交集的和運算等於模糊風險集與模糊風險集合簇「先並後交」運算。

(4) 公司信用風險管理中模糊集合的模糊風險集合的 λ 截集。

①對於公司任意模糊風險集合 A，存在一個 $\lambda \in [0, 1]$，使用 λ 的大小

作為截值去衡量模糊風險集合 A 中所有信用風險隸屬度 A（x）後得到的模糊風險集合，為 A 的模糊風險截集。

公司模糊風險強截集：$A_\lambda = \{x \mid A(x) > \lambda\}$，大於且不包含等號的信用風險隸屬度集合。

公司模糊風險弱截集：$A_\lambda = \{x \mid A(x) \geq \lambda\}$，大於包含等號的信用風險隸屬度集合。

②公司信用風險管理中的模糊集合的截集的運算：對於公司任意兩個信用風險模糊集合 A、B，截值為 λ，那麼：

如果 $A \subseteq B$，那麼 $A_\lambda \subseteq B_\lambda$；

如果 λ1 ≤ λ2，那麼 $A_{\lambda 1} \supseteq A_{\lambda 2}$；

公司信用風險管理中的模糊集合截集交運算：$(A \cup B)_\lambda = A_\lambda \cup B_\lambda$，公司兩個模糊風險集合「先並後截」等於「先截後並」；

公司信用風險管理中的模糊集合的截集並運算：$(A \cap B)_\lambda = A_\lambda \cap B_\lambda$，公司兩個信用風險模糊集合「先交後截」等於「先截後交」；

公司信用風險管理中的模糊集合的截集餘運算：$(A^c)_\lambda = (A_{1-\lambda})^c$，$(A^c)_\lambda = (A_{1-\lambda})^c$，公司模糊風險集餘集的 λ 截集等於該模糊風險集合 1−λ 的強截集的餘集，模糊風險集餘集的 λ 強截集等於該模糊風險集合 1−λ 的截集的餘集。

6.2.3 公司信用風險管理中模糊集合的模糊程度的基本算法

公司信用風險模糊度是指公司模糊風險集的模糊程度，計算公司信用風險模糊度的算法通常有如下幾種：

如果一個公司的信用風險集合 A 屬於經典集合，即 $A \in P(x)$，那模糊風險集合 A 的模糊度 d（A）= 0。

如果一個公司信用風險集合 A 屬於模糊集合且信用風險隸屬度 A（x）= 0.5，那麼模糊風險集合 A 的模糊度 d（A）= 1。

如果一個公司的模糊風險集合 A 的信用風險隸屬度大於模糊風險集合 B 的信用風險隸屬度，1/2 ≥ A（x）≥ B（x），那麼信用風險模糊度 d（A）≥ d（B）。

公司任意模糊風險集合的餘集的模糊風險度等於原集合的模糊風險度，即 d（A）= d（A^c）。

（1）公司信用風險模糊度一般計算方法。

①利用海明（Haming）距離法計算公司的信用風險模糊度，計算公式為：

$$d(A) = (2/n) \sum |A(x_i) - A_{1/2}(x_i)| \quad (i = 1, 2, 3 \cdots\cdots n) \quad (6.4)$$

②利用歐幾里得（*Euclid*）公式計算模糊度，計算公式為：
$$d(A) = (2/n^{1/2})\{\sum |A(x_i) - A_{1/2}(x_i)|^2\}^{1/2} \quad (i=1,2,3\cdots\cdots n) \quad (6.5)$$
③利用明可夫斯基（Minkowski）公式計算公司信用風險模糊度，計算公式為：
$$d_a(A) = (2/n^{1/a})\{\sum |A(x_i) - A_{1/2}(x_i)|^a\}^{1/a} \quad (i=1,2,3\cdots\cdots n) \quad (6.6)$$
④當公司模糊風險集合變量 x 為熵農函數時，即 $f(x) = -x\ln x - (1-x)\ln(1-x)$，當 $x \in U(0,1)$ 時，或者 $f(x) = 0$，當 $x=0$，$x=1$ 時。公司信用風險模糊度計算公式為：
$$d(A) = 1/(n\ln 2)\sum f\{A(x_i)\} \quad (i=1,2,3\cdots\cdots n) \quad (6.7)$$
⑤當公司模糊風險集合在論域 $[a,b]$ 區間內，隸屬度 $A(x)$ 為連續型函數時，公司信用風險模糊度的計算公式為：
$$d(A) = 2/(b-2)\int_a^b |A(x) - A_{1/2}(x)|dx \quad (6.8)$$
$$或者 d(A) = 1 - 2/(b-2)\int_a^b |A(x) - 0.5|dx \quad (6.9)$$

（2）公司信用風險管理中的信用風險隸屬度的計算方法。

①公司模糊風險概率統計方法。它是指給定論域區間 U 內的一個確定信用風險元素 x，對於該區間上的邊界變動模糊風險集合 $A^\sim$，統計出 $x \in A^\sim$ 的次數，在每一次實驗中，x 信用風險元素值是不變動的，$A^\sim$ 根據客觀因素和評價人的主觀因素而變化。

x 的隸屬頻率 $p = n(x \in A^\sim$ 的次數$)/n_0$（實驗總次數）

當 n_0 越大時，信用風險元素 x 的隸屬頻率逐漸趨於穩定，這時的信用風險隸屬頻率 p 可以近似地看成 x 的信用風險隸屬度 $A(x)$。

②公司信用風險因素的相對比較法。

一是二元信用風險因素對比排序法。人們認識事物往往是通過比較獲得信息的，對比排序方法使得相對模糊的事物更加清晰，如好與更好、壞與更壞、高與更高等。如果 $A(x)$ 比 $A(y)$ 較優，則取值為 $U_{ij}=1$，如果 $A(x)$ 與 $A(y)$ 優劣程度相同，則取值 $U_{ij}=0.5$，其他信用風險因素兩兩之間取值亦是如此。

信用風險因素 x 隸屬度 $= \{f(x/x) + f(x/y) + f(x/z)\cdots\cdots\}/\sum max U_i$ （6.10）
信用風險因素 y 隸屬度 $= \{f(y/x) + f(y/y) + f(y/z)\cdots\cdots\}/\sum max U_i$ （6.11）
信用風險因素 z 隸屬度 $= \{f(z/x) + f(z/y) + f(z/z)\cdots\cdots\}/\sum max U_i$ （6.12）

其他信用風險因素的隸屬度依次類推。

二是公司信用風險因素擇優比較法。對於指定論域 U 中，其中 x、y、$z\cdots \in U$。對於模糊風險集合 A，比較任意一對信用風險因素，x 與 y 兩兩比較，x

與 z 兩兩比較，y 與 z 兩兩比較，直到論域 U 內所有信用風險因素比較完成；比較信用風險隸屬程度的高低，對信用風險因素進行賦值（見表 6.11）。

表 6.11　　　　　　　　　　比較賦值法

x 與 y 相互比較	賦值大小 $f(u_{ij})$
x 比 y 對模糊集合 A 的隸屬程度相同	1
x 比 y 對模糊集合 A 的隸屬程度稍微大	3
x 比 y 對模糊集合 A 的隸屬程度明顯大	5
x 比 y 對模糊集合 A 的隸屬程度非常大	7
x 比 y 對模糊集合 A 的隸屬程度絕對大	9
x 比 y 對模糊集合 A 的隸屬程度介於各項目之間	2，4，6，8

根據信用風險隸屬程度的大小可以構造出一個相及矩陣：
其中矩陣信用風險因素 $C_{ij}=f(u_{ij})/Max\{f(u_{ij}),f(u_{ji})\}$

$$M = \begin{vmatrix} C_{11} & C_{12} & C_{13} & \cdots & C_{1j} \\ C_{21} & C_{22} & C_{23} & \cdots & C_{2j} \\ C_{31} & C_{32} & C_{33} & \cdots & C_{3j} \\ \cdots & \cdots & \cdots & & \cdots \\ C_{i1} & C_{i2} & C_{i3} & \cdots & C_{ij} \end{vmatrix}$$

每一行從 C_{i1} 到 C_{ij} 取最小值作為信用風險因素的隸屬度值，得到各行的 C_i，C_i 的大小即為各信用風險隸屬度的排序。

③公司信用風險因素對比平均數法。

首先根據論域內信用風險因素兩兩比較並賦值，建立對比關係矩陣：

$$C = \begin{vmatrix} f(x/x) & f(x/x) & f(x/z) & \cdots\cdots \\ f(y/x) & f(y/y) & f(y/z) & \cdots\cdots \\ f(z/x) & f(z/y) & f(z/z) & \cdots\cdots \\ \cdots & \cdots & \cdots & \end{vmatrix}$$

然後確定每個信用風險因素的權重，$W=(w_x,w_y,w_z,\cdots\cdots)$，那麼，
信用風險因素 x 隸屬度 $A(x) = w_x \cdot Min\{f(x/x)+f(x/y)+f(x/z)\cdots\cdots\}$

(6.13)

信用風險因素 y 隸屬度 $A(y) = w_y \cdot Min\{\{f(y/x)+f(y/y)+f(y/z)\cdots\cdots\}$

(6.14)

信用風險因素 z 隸屬度 $A(z) = w_z \cdot \text{Min} \{f(z/x) + f(z/y) + f(z/z) \cdots\}$
(6.15)

其他信用風險因素的隸屬度依次類推。

④公司信用風險因素指派方法。人們根據實踐經驗對信用風險隸屬函數的分佈做出判斷，對於不同的實際情況選取不同的分佈函數，計算出其信用風險隸屬度。

6.2.4 公司信用風險管理中模糊數學的主要研究方法

6.2.4.1 公司信用風險因素模糊聚類

在自然科學或者社會科學領域，對所研究的對象按照一定的標準進行劃分不同的類別叫作聚類分析。而公司信用風險管理領域的許多信用風險因素類與類之間邊界模糊，無明晰嚴格的區分，它們之間存在模糊關係，我們把這種具有模糊性質的分類叫作公司信用風險因素模糊聚類分析。

（1）首先是構造公司原始信用風險因素數據矩陣。設論域 $U = (x_1, x_2, x_3, \cdots, x_i)$ 為所需要分類的信用風險元素對象，其中論域內每一個信用風險元素 x_i 又有 j 個指標描述其狀態，於是可得到原始信用風險因素數據矩陣為：

$$A(x)_{ij} = \begin{vmatrix} x_{11} & x_{12} & x_{13} & \cdots & x_{1j} \\ x_{21} & x_{22} & x_{23} & \cdots & x_{2j} \\ \cdots & \cdots & \cdots & & \cdots \\ x_{i1} & x_{i2} & x_{i3} & \cdots & x_{ij} \end{vmatrix}$$

（2）公司信用風險因素數據的處理。

第一步，標準差變換。

$$公式\ x'_{ij} = (x_{ij} - \overline{x_j}) / s_j \quad (i, j = 1, 2, \cdots, n) \tag{6.16}$$

其中 $\overline{x_j} = \dfrac{1}{n}\sum_{i=1}^{n} x_{ij}$，$s_j = \left\{\dfrac{1}{n}\sum_{i=1}^{n}(x_{ij} - \overline{x_j})^2\right\}^{1/2}$ (6.17)

這樣通過標準差變換，可以使得原來不同量綱的原始信用風險因素數據的均值為0，標準差為1，從而消除了原始數據中由於量綱不同造成的對信用風險因素數據的影響。

第二步，極差變化。

通過標準差變化以後的信用風險因素數據可以消除量綱的影響，但是不能保證新的數據都落在 [0，1] 的範圍之內，於是需要對信用風險因素數據進行極差變化。

變換公式：$x_{ij}' = \{x'_{ij} - \underset{i\in[1,n]}{\text{Min}}(x'_{ij})\} / \{\underset{i\in[1,n]}{\text{Max}}(x'_{ij}) - \underset{i\in[1,n]}{\text{Min}}(x'_{ij})\}$
(j=1，2，3…) (6.18)

（3）建立信用風險因素模糊相似矩陣。論域 $U = (x_1, x_2, x_3, \cdots, x_i)$，任意 $x_i = (x_{i1}, x_{i2}, \cdots, x_{ij})$，$x_i$ 與 x_j 的信用風險因素相似程度為：

$r_{ij} = R(x_i, x_j)$ （i=1，2，3…，j=1，2，3…） (6.19)

因此 r_{ij} 稱為信用風險因素相似係數。計算 r_{ij} 的方法有許多種，如數量積法、絕對指數法、海明距離法、歐式距離法、切比雪夫距離法、主觀評分法、夾角餘弦法、相似係數法等。

（4）進行信用風險因素聚類。對所建立的模糊相似矩陣，採用不同的置信截距水準 $\lambda \in [0, 1]$，對模糊相似矩陣進行分割，得到不同的分類結果，得到該模糊矩陣的動態分類圖。

根據模糊矩陣聚類所利用的不同推演過程，聚類可分為許多種方法，比如傳遞閉包法、布爾矩陣法、直接聚類法等。

6.2.4.2 公司信用風險因素的模糊識別

對於已經存在的事物區分的標準，按照此標準衡量某一事物屬於其中哪一類別的問題就是事物識別。如果標準或者事物兩者至少有一方面為模糊集合，則這樣的問題稱為模糊識別。

公司信用風險因素的模糊識別的基本方法是最大隸屬度原則：論域 $U = (x_1, x_2, \cdots, x_n)$ 上有 m 個模糊風險子集 $A_1, A_2, \cdots, A_m$（即 m 個標準），對於任意的信用風險因素 $x_i \in U$，如果存在一個 k（$1 \leq k \leq m$）使得 $u_k(x_i) = \vee \{u_{Ak}(x_i)\}$，則我們稱信用風險因素 x_i 隸屬於 A_K。或者論域 $U = (x_1, x_2, \cdots, x_n)$ 有一個標準 A，有一組待識別對象 $(x_1, x_2, \cdots, x_k) \in U$（$1 \leq k \leq n$），如果 x_k 滿足 $u_A(x_k) = \vee \{u_{Ak}(x_K)\}$，那麼信用風險因素 x_k 優先隸屬於 A。

6.2.4.3 公司信用風險管理中的模糊綜合評估

運用模糊數學的信用風險隸屬度原理，把一些定性的指標轉化為定量的指標，對所研究的事物或者對象做出一個信用風險綜合評價。

①模糊綜合評估與信用風險概率。毛忘勝（2009）在其全國優秀碩士論文《模糊綜合評價模型在審計信用風險評估中的應用研究》中「以現代審計信用風險管理理論和模糊層次綜合評價理論為基礎，設計了一種基於模糊層次綜合評價體系的定性分析與定量分析相結合的審計信用風險評估方法」。他將模糊綜合評價與信用風險概率結合起來，計算公式為：

$$P = B \times V^T \quad (6.20)$$

其中 p 為信用風險概率，B 為模糊關係評判矩陣，V 為信用風險等級標準。

②模糊綜合評估在中小企業信用風險評價的文獻綜述

PAN Xiao-lin（2005）綜合應用模糊集與影響圖理論建立了模糊影響圖方法，將其模型引入商業銀行信用風險評估中，並在確立了商業銀行信用風險評價指標體系的基礎上，建立了基於模糊影響圖的商業銀行信用風險評估模型，說明了該模型的有效性。

蔣國慶、肖冬榮（2005）在中國人民銀行大力推行貸款質量五級分類的背景下，著重論述了信貸風險評定中的模糊層次評判方法的應用，並對衡量信貸風險難的問題做出了探討性的研究。

Yijian Suna, Rufu Huangb, Dailin Chenb 和 Hongnan Lia 等人（2008）認為隨著住宅房地產市場的迅速發展，風險評估已成為項目過程中的一項重要任務。他們的研究介紹了住宅房地產項目的一種風險評估方法，即用語言變量和的模糊數決定因素的權重和評價替代方案。因為用 *Shapley* 值來確定風險評估整體目標實現過程中每個因素的全局值，所以修訂了權重值，進而可以更確切地反應各個因素的重要性。該方法的一個主要優勢在於可以讓專家和工程師們對語言變量而不是淨值中的項目風險評價發表意見。該研究還用圖表證明了該方法在風險評估中的應用。其所得結果與傳統風險評估方法計算的結果顯示一致。其研究說明了該方法是客觀、準確的，並在住宅房地產項目風險評價中具有一定的應用價值。

Wang Xin-cun, Huang Jin-peng（2009）指出「商業銀行在營運過程中無時無刻不面臨著金融風險。其中，信用風險佔有特殊的重要地位。世界銀行對全球銀行業危機的研究表明，信用風險是導致銀行破產的最常見原因之一。因此，如何對信用風險進行準確和客觀的評估與測度已成為學術界所面臨的重要課題，同時也是金融實業界密切關注的焦點之一，其研究利用多層次模糊綜合評價模型和層次分析法對國內商業銀行信用風險進行了綜合評估，並根據相關資料構建了綜合評價指標體系，用層次分析法確定各目標因素的權重，建立了指標因素集到評價集的模糊映射，還利用加權平均模型進行模糊矩陣運算，得到了信用風險綜合評價的結果」。

模糊綜合評估在企業其他非確定性領域中如績效評價、人才選拔、投資風險分析等方面的應用如下：

J. F. Baldwin（2003）對在專家系統中應用模糊集理論和模糊邏輯考慮各種不確定性的幾種方法進行了討論。包括應用於專家系統的 Baysian 決策理論、非完全信息表達和證據理論等。

M. Monittoa、P. Pappalardoa 和 T. Tolioa（2007）用能夠處理非確定性，生

產力及靈活性問題的新的模糊層次分析法法（FAHP）解決自動化生產系統的評價問題，並研究了經濟、金融績效及投資決策對人力資源的影響。

Zülal Güngöra、Gürkan Serhadlıoğlub 和 Saadettin Erhan Kesen（2008）基於模糊層次分析法（FAHP）提出了一個企業人才選拔系統。運用模糊層次分析法（FAHP）評價了按定性和定量標準進行分級的精英，並將模糊層次分析法（FAHP）所得的結果與 Yager 加權目標法得到的結果進行了比較。除了上述方法，該研究還引進了一種基於計算機的決策支持系統來提供更多的信息，以幫助經理們在模糊的環境下做出更優決定。

Amy H. I. Lee（2008）研究的主要目在於提供一個模糊環境下供應商選擇的分析方法。他運用納入了收益、機會、成本和風險概念（BOCR）的模糊層次分析法（FAHP）模型評估了供應商的各方面條件。在考慮了專家對其重要性的意見的基礎上，分析了由多個影響關係建立的正反面因素，並得出了供應商的績效排名。

Metin Celika、Selcuk Cebib、Cengiz Kahramanb 和 I. Deha Er（2008）通過建立原油油輪市場中運輸路線投資決策的集成模糊質量功能配置模型，將傳統質量船（SoQ）框架將質量功能配置原則（QFD）擴展應用到運輸投資過程中。另外，將模糊層次分析法和模糊公理設計算法（FAD）結合起來，運用到 SoQ 框架中使量化結果與運輸投資決策得以關聯。

Neşe Yalçın Seçmea、Ali Bayrakdaroğlua 和 Cengiz Kahraman（2009）基於層次分析法和理想點法對土耳其金融企業進行模糊績效評估，所提模型結合了模糊層次分析法（FAHP）和理想點法（TOPSIS）。並在基於專家意見的基礎上運用模糊層次分析法（FAHP）確定了標準的權重後，運用理想點法對銀行進行排序。結果表明，在激烈的競爭環境下，無論是財務績效風險還是非財務績效風險都應被充分考慮。

6.2.5　WEB 搜索與非上市公司信用風險指標信息獲取

基於 WEB 的搜索策略，可以充分挖掘出非上市公司風險因素的相關信息，並在充分信息的基礎之上，運用模糊綜合評價的方法對風險因素做出定量的分析。實踐證明，依靠信息收集和信息處理的方法來判斷對方的信用狀況有助於準確把握信用風險信息，能夠減少風險損失。國際互聯網上的信息是海量的，而要從這些海量信息充分挖掘出有用信息，是需要一定的技術和方法的，不同的技術方法所挖掘的信息的有效性和準確度是不一致的。WEB 信息搜索策略主要包括人工搜索策略及蜘蛛網絡搜索策略兩種方法。這兩種方法的綜合運用

能夠保證信息獲取的有效性和準確性。

　　蜘蛛網絡技術（Web spider）是現在網絡搜索引擎流行的一種搜索方法。它採用了信息中的迭代追蹤模式，類似於蜘蛛結網的方法，能夠從一個節點出發爬取各個節點和頁面，將此接點的關聯信息搜索出來。從某種程度上講，它能保證所搜索信息的相對完整性。它還保證了搜索的迅捷性，比如百度的主題關鍵詞搜索可以在短短幾秒鐘內完成。藕軍、任明侖論證了通過優化網絡蜘蛛的爬行規則爬取頁面的高效性。他們的試驗結果表明該方法簡單有效，自動發現的查準率和查全率分別達到 97% 和 91%。

　　運用搜索引擎並不能快速地尋找到最有利的結果。整個搜索過程需要有人工 WEB 頁面選擇的參與，人工選擇頁面以及運用主題詞的不斷迭代。這種迭代方法與蜘蛛網絡爬行策略基本一致，即人工對 WEB 頁面做出選擇時，通常也會基於廣度優先或者深度優先，也會包含 WEB 頁面內容評價策略、連結結構的評價策略、未來回報值大小的策略等，只不過不同的是機器搜索策略包含了固定的算法程序，而人工選擇策略通常是基於個人經驗的模糊判斷。搜索方法見圖 6.4。

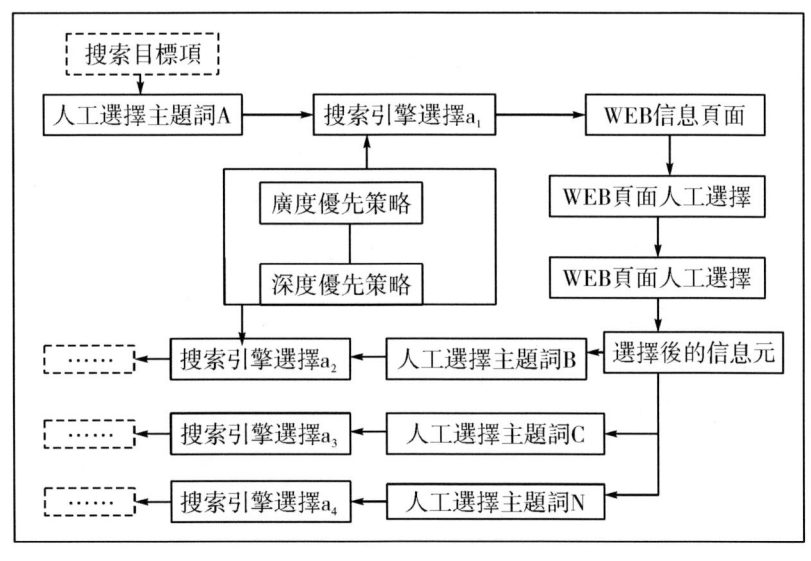

圖 6.4　搜索方法圖

6.2.6　採用 FAHP 對中小非上市公司風險信息元的分析與處理

　　WEB 網絡信息化技術應用與普及滲透到了經濟社會的各個領域，作為信息網絡化中優先成長起來的一批企業：如 Google、雅虎、阿里巴巴、中國化工網、慧聰網等一大批企業在短短十餘年內成為了網絡搜索企業巨人。阿里巴巴

2008年市值超200億美元、Google在2008年市值就達到了1,572.3億美元、雅虎2008年市值達到170億美元。網絡技術特別是網絡搜索技術的廣泛應用是這些公司得到迅速成長的主要原因,中小企業作為網絡搜索技術使用的終端用戶,需要通過網絡搜索策略——機器搜索和人工搜索綜合應用來快捷、方便、準確地處理各種事物。

利用機器與人工蜘蛛網絡搜索策略挖掘出風險因素信息的結果,引進模糊綜合評估(FAHP)的方法,並通過相關領域專家對挖掘信息的綜合判斷,將定性分析與定量分析結合起來,更加準確地評判非上市公司信用違約風險的大小(見圖6.5)。

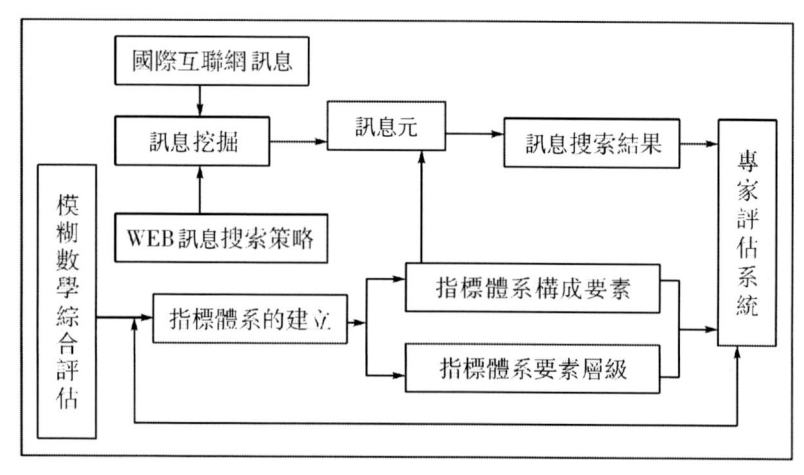

圖6.5 WEB搜索與FAHP的邏輯結構圖

(1)確定各因素之間的相對重要性並賦以相應的分值,構造出各層次中的所有判斷矩陣,然後計算權矢量,進行一致性檢驗(見表6.12、表6.13)。

表6.12　　　　　　　　　　因素賦值表

標度 b_{ij}	意義
1	b_i 與 b_j 的影響相同
3	b_i 比 b_j 的影響稍強
5	b_i 比 b_j 的影響強
7	b_i 比 b_j 的影響明顯地強
9	b_i 比 b_j 的影響絕對地強
2, 4, 6, 8	為上述兩判斷級的中間值
倒數	b_i 較 b_j 的影響之比與上述說明相反

表 6.13　　　　　　　　　　　判斷矩陣

a	b_1	b_2	b_3	b_4	b_5
b_1	b_1/b_1	b_1/b_2	b_1/b_3	b_1/b_4	b_1/b_5
b_2	b_2/b_1	b_2/b_2	b_2/b_3	b_2/b_4	b_2/b_5
b_3	b_3/b_1	b_3/b_2	b_3/b_3	b_3/b_4	b_3/b_5
b_4	b_4/b_1	b_4/b_2	b_4/b_3	b_4/b_4	b_4/b_5
b_5	b_5/b_1	b_5/b_2	b_5/b_3	b_5/b_4	b_5/b_5

通過運行 Matlab 軟件可以求得矩陣的特徵矢量 $B = (X_1, X_2, X_3, X_4, X_5)$，經過歸一化變化得到權矢量 $W_b = (W_{b1}, W_{b2}, W_{b3}, W_{b4}, W_{b5})$。

（2）建立模糊集合論域 $F = (C_1, C_2, \cdots, C_n) = $（生效條件風險，付款條款風險，提單風險，商檢風險……）

（3）建立模糊評語集 V。

根據實際情況，可以建立多層次的評語集（見表 6.14），如：風險發生概率非常大、風險發生概率大、風險發生概率一般、風險發生概率小、風險發生概率非常小。

表 6.14　　　　　　　　　　　糊評語集

風險發生概率非常大	風險發生概率大	風險發生概率一般	風險發生概率小	風險發生概率非常小
$P_1 \sim P_2$	$P_2 \sim P_3$	$P_3 \sim P_4$	$P_4 \sim P_5$	$P_5 \sim P_6$

（4）通過 WEB 信息搜索，我們可以得到論域中各個因子（信息元）的信息，然後把這些信息交由相關專家通過評語集 V 判斷，建立評語模糊映射集合。

$$V = \begin{array}{c|ccccc} & 風險非常大 & 風險大 & 風險一般 & 風險小 & 風險非常小 \\ \hline C_1 & R_{11} & R_{12} & R_{13} & R_{14} & R_{15} \\ C_2 & R_{21} & R_{22} & R_{23} & R_{24} & R_{25} \\ R_{35}\ C_3 & R_{31} & R_{32} & R_{33} & R_{34} \\ \cdots\cdots \\ C_n & R_{n1} & R_{n2} & R_{n3} & R_{n4} & R_{n5} \end{array}$$

（5）模糊綜合評判。

計算 $A = W_c \times V$　　　（W_c 可以利用層次分析法求得）

（6）綜合風險概率計算。

$$p(g) = \sum P_0 \times A_i^T \quad (i = 1, \cdots, n)$$

其中：$p(g_3)$ 為風險概率；P_0 為模糊概率評語集的對照標準；A^T 為各風險因素的隸屬度矢量 A 的轉置。

6.2.7　應用分析

2008 年中國沿海一家化工 A 公司與與西部下游中小非上市公司 B 企業簽訂了一份 200MT 的磷酸一銨賒銷合同，兩家公司屬於第一次業務往來，並不瞭解對方的信用狀況。

建立層次結構分析圖，見圖 6.6。

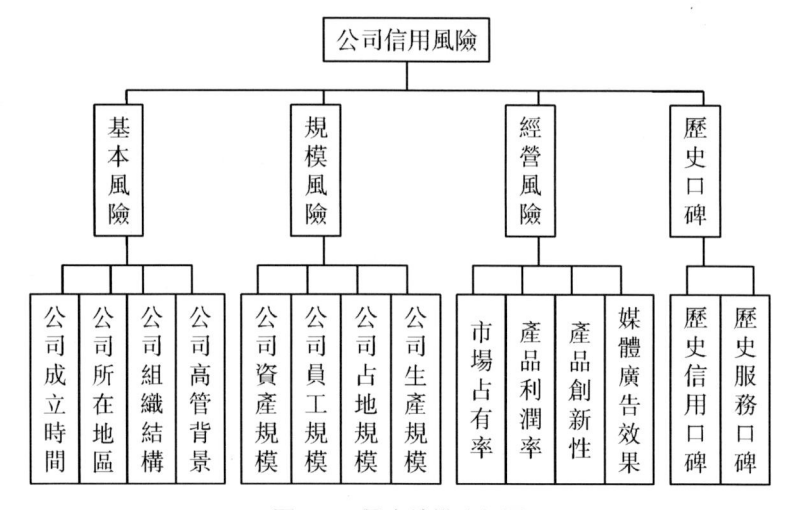

圖 6.6　層次結構分析圖

公司採用人工搜索策略與 WEB 搜索引擎結合的技術，在國際互聯中挖掘出大量客戶各種相關信息，將搜集信息交由專家評估委員會進行模糊綜合評估（FAHP）。

第一步，確定各因素之間的相對重要性並賦以相應的分值，構造出各層次中的所有判斷矩陣，然後計算權矢量，並進行一致性檢驗，計算結果如下：

$W_b = (W_{b1}, W_{b2}, W_{b3}, W_{b4}, W_{b5}) = (0.2, 0.2, 0.3, 0.3)$

$W_{c1} = (0.2, 0.1, 0.2, 0.5)$

$W_{c2} = (0.5, 0.1, 0.1, 0.3)$

$W_{c3} = (0.3, 0.3, 0.2, 0.2)$

$W_{c4} = (0.8, 0.2)$

第二步，綜合因素 b 層 W_b 和 c 層 W_{c1}，W_{c2}，W_{c3}，W_{c4}，W_{c5} 進行總排序，可以得到各種因素的權重，見表 6.15。

表 6.15　　　　　　　　　　因素權重表

c 層 ＼ b 層	基本風險 $W_{b1}(0.2)$	規模風險 $W_{b2}(0.2)$	經營風險 $W_{b3}(0.3)$	歷史風險 $W_{b4}(0.3)$	c 層因素總權重 $W_{bc} = W_b \times W_c$
公司成立時間	0.2				0.04
公司所在地區	0.1				0.02
公司組織結構	0.2				0.04
公司高管背景	0.5				0.1
公司資產規模		0.5			0.1
公司員工規模		0.1			0.02
公司占地規模		0.1			0.02
公司生產規模		0.3			0.06
市場佔有率			0.3		0.09
產品利潤率			0.3		0.09
產品創新性			0.2		0.06
媒體廣告效果			0.2		0.06
歷史信用口碑				0.8	0.24
歷史服務口碑				0.2	0.06

根據實際情況需要，一般可以建立五層次的評語集（見表 6.16）：風險發生概率非常大、風險發生概率大、風險發生概率一般、風險發生概率小、風險發生概率非常小。

表 6.16　　　　　　　　　　評語集

風險發生概率非常大	風險發生概率大	風險發生概率一般	風險發生概率小	風險發生概率非常小
大於 0.5	0.5~0.4	0.4~0.3	0.3~0.2	0.2~0.1

第三步，通過 WEB 搜索結果，我們可以得到論域中各個因子（信息元）的信息，然後把這些信息交由相關專家通過模糊判斷，建立評語模糊映射集合 $V_1 = \{$基本風險$\} = \{$公司成立時間，公司所在地區，公司組織結構，公司高

管背景]。同理可得 V_2、V_3、V_4。

$V_1 = $

	風險非常大	風險大	風險一般	風險小	風險非常小
公司成立時間	0	0.1	0.3	0.5	0.1
公司所在地區	0.1	0	0.5	0.3	0.1
公司組織結構	0.1	0.2	0.1	0.4	0.1
公司高管背景	0.2	0.1	0.2	0.3	0.2

第四步，利用模糊綜合評價公式計算：

$A = (W_{bc1}, W_{bc2}, W_{bc1}, W_{bc4}) \times (V_1, V_2, V_3, V_4) = (A_1, A_2, A_3, A_4)$

解得：

$A_1 = W_{bc1} \times V = W_{b1} \times W_{c1} \times V_1 = (0.026, 0.022, 0.046, 0.072, 0.034)$
$A_2 = W_{bc2} \times V = W_{b2} \times W_{c2} \times V_2 = (0.046, 0.04, 0.054, 0.03, 0.03)$
$A_3 = W_{bc3} \times V = W_{b3} \times W_{c3} \times V_3 = (0.03, 0.09, 0.09, 0.06, 0.03)$
$A_4 = W_{bc4} \times V = W_{b4} \times W_{c4} \times V_4 = (0.03, 0.042, 0.066, 0.132, 0.03)$

第五步，綜合風險概率計算：

$p(g_1) = P_0 \times A_1^T = (0.5, 0.4, 0.3, 0.2, 0.1) \times (0.026, 0.022, 0.046, 0.072, 0.034)^T = 0.132,6$

同理：$p(g_2) = P_0 \times A_2^T = 0.067,2$

$p(g_3) = P_0 \times A_3^T = 0.093$

$p(g_4) = P_0 \times A_4^T = 0.080,8$

$P = \sum p(g_i) = 0.132,6 + 0.067,2 + 0.093 + 0.080,8 = 0.373,6$

由此可見，風險概率模糊綜合評價在（風險非常大，風險大，風險一般，風險小，風險非常小）五個等級的值分別為（0.5，0.4，0.3，0.2，0.1），根據模糊風險概率的對照，0.373,6 所對應的風險等級為一般（$P_0 = 0.3$）與風險大（$P_0 = 0.4$）之間，所以可以認為此項貿易賒銷合同的風險程度為一般偏高，賣方 A 公司應該密切關注 B 公司的變化情況。

中小非上市公司之間的交易往往是跨區域進行的。這使得交易與融資雙方的相關風險信息並不十分對稱，而信息網絡化正好為信息的挖掘和處理提供了一個便宜、快速、容易操作的平臺，挖掘出有用的信息，並做出有效的風險評估，是中小企業交易與融資活動中的關鍵環節。基於 WEB 的蜘蛛網絡搜索策略和人工頁面選擇能夠比較完整、準確地挖掘出貿易對方的信息源，並在獲得的信息源基礎上，運用模糊數學評估對貿易風險進行分析，從而計算出綜合風險概率，為中小企業交易與融資決策提供科學依據。

6.3 本章小結

本章首先區分了兩種類型的中小企業：上市公司與非上市公司。對於上市公司，提出利用 Simulink 技術對 KMV 仿真模型進行風險測算與控制，包括上市公司收益波動率仿真子系統的建立、Black-Scholes-Merton 期權定價仿真模型的運用、DD 仿真子系統的建立、系統封裝，同時選取了 A 股市場的 34 家中小企業進行了實證分析。對於非上市公司，提出了利用信息迭代技術與模糊綜合評估方法進行風險測算與控制，包括信息迭代模型的建立、模糊綜合評估方法的詳細步驟，並利用具體案例進行了分析研究。

7 中國發展供應鏈金融的政策與建議

7.1 發展中小企業供應鏈金融的政策

7.1.1 商業銀行發展線上供應鏈金融的政策

2013 年 8 月，國務院發布了《國務院辦公廳關於金融支持小微企業發展的實施意見》，提出了加快豐富和創新小微企業金融服務方式，充分利用互聯網等新技術、新工具不斷創新網絡金融服務模式；大力發展產業鏈融資、商業圈融資和企業群籌資，積極開展知識產權質押、應收帳款質押、動產質押、股權質押、訂單質押、倉單質押、保單質押等抵質押貸款業務。

2015 年 7 月，《關於促進互聯網金融健康發展的指導意見》（以下簡稱《指導意見》）出抬，支持互聯網企業設互聯網支付機構、網絡借貸平臺、股權眾籌融資平臺、網絡金融產品銷售平臺。《指導意見》提倡：積極鼓勵互聯網金融平臺、產品和服務創新，激發市場活力；鼓勵從業機構相互合作，實現優勢互補；拓寬從業機構融資渠道，改善融資環境；相關政府部門要堅持簡政放權，提供優質服務，營造有利於互聯網金融發展的制度環境；落實和完善有關財稅政策；推動信用基礎設施建設。

2016 年 2 月，中國人民銀行等八部委印發了《關於金融支持工業穩增長調結構增效益的若干意見》，提出大力發展應收帳款融資。推動更多供應鏈加入應收帳款質押融資服務平臺，支持商業銀行進一步擴大應收帳款質押融資規模；探索推進產融對接，探索開展企業集團財務公司延伸產業鏈金融服務試點；支持大企業設立產業創投基金，為產業鏈上下游創業者提供資金支持。

7.1.2 發展基於大數據平臺線上供應鏈金融的政策

2015 年 8 月 31 日,國務院發布《促進大數據發展行動綱要》,要求加強頂層設計和統籌協調,大力推動政府信息系統和公共數據互聯開放共享,加快政府信息平臺整合,消除信息孤島,推進數據資源向社會開放,增強政府公信力,引導社會發展,服務公眾企業;以企業為主體,營造寬鬆、公平的環境,加大大數據關鍵技術研發、產業發展和人才培養力度,著力推進數據匯集和發掘,深化大數據在各行業創新應用,促進大數據產業健康發展;完善法規制度和標準體系,科學規範利用大數據,切實保障數據安全。

2015 年 7 月 1 日《國務院辦公廳關於運用大數據加強對市場主體服務和監管的若干意見》提出運用大數據提高為市場主體服務水準,運用大數據加強和改進市場監管,推進政府和社會信息資源開放共享。

7.1.3 發展線上供應鏈金融的其他政策

(1) 2009 年 3 月,國務院發布《物流業調整和振興規劃》,明確了物流業在國民經濟中的重要地位,並指出要運用供應鏈管理與現代物流理念、技術與方法,實施採購、生產、銷售和物品回收物流的一體化運作。鼓勵生產企業改造物流流程,提高對市場的回應速度,降低庫存,加速週轉。

(2) 2009 年,國務院辦公廳下發了《關於促進服務外包產業發展問題的復函》,批覆了商務部會同有關部委共同制定的促進服務外包發展的政策措施,批准北京、深圳等 20 個城市為中國服務外包示範城市,並在 20 個試點城市實行一系列鼓勵和支持措施,加快中國服務外包產業發展。

(3) 2009 年,中國人民銀行、商務部、銀監會、證監會、保監會發布《關於金融支持服務外包產業發展的若干意見》,提出要全方位提升銀行業支持服務外包產業發展的水準,多渠道拓展服務外包企業直接融資途徑。

(4) 2011 年 8 月 2 日,國務院辦公廳以國辦發〔2011〕38 號印發《關於促進物流業健康發展政策措施的意見》,強調切實減輕物流企業稅收負擔、加大對物流業的土地政策支持力度、促進物流車輛便利通行、加快物流管理體制改革、鼓勵整合物流設施資源、推進物流技術創新和應用、加大對物流業的投入、優先發展農產品物流業、加強組織協調九項舉措。

(5) 2011 年 11 月 18 日,深圳市發布《深圳市現代物流業發展「十二五」規劃》,提出在未來 5 年內,深圳市物流業增加值將會達到 1,500 億元,初步實現「一高、兩市、三中心」的戰略定位,即把高端物流業打造為現代物流

業主導業態，基本建成具有產業支撐功能和民生服務功能的全國優秀物流服務都市、具有國際資源配置功能和國際商務營運功能的全球性物流樞紐城市、亞太地區重要的多式聯運中心和供應鏈管理中心，以及與香港共同建設國際航運中心。深圳還將按照貨運服務、生產服務、商貿服務以及民生服務要求，加快重要物流節點基礎設施建設，著力拓展物流增值業務，強化物流綜合服務能力，促進現代物流業高端化、專業化和集約化發展。

7.2 發展線上供應鏈金融的建議

（1）實行嚴格的准入標準，將風險隔離在外。由於中國供應鏈管理水準整體不高，因此商業銀行在圈定目標客戶時應嚴格准入標準，建立覆蓋供應鏈融資各項業務、各類角色的系統化准入制度，並根據實際應用的發展而不斷完善，從源頭進行風險隔離。在實際操作中，在行業方面，首先選取供應鏈比較穩定的鋼鐵、汽車以及交易流程標準化程度高的大宗商品行業，並逐步向行業集中度較高的消費領域過渡；在客戶方面，首先關注核心廠商資質，結合企業經營能力、市場前景、發展潛力，以及所處供應鏈的穩定性、獲利性來綜合評定，並重點審查具體交易背景的真實性以及融資中小企業的歷史信用記錄；在仲介機構方面，應加強對評估方、監管方的資質要求及日常管理水準的考察。

（2）健全風控機制，實現對風險的整體把握。從線上供應鏈整體把握授信企業風險，動態評估鏈上核心企業、授信企業的經營情況、信用水準及變化情況，研究行業類商品價格變動及影響等，科學運用各種風險控制工具區分風險類別，識別潛在損失，必要時進行風險預警，提前做好應對策略，有效保全銀行資產。在操作層面上，慎重選擇質押物，保證質押物所有權明晰，選擇價值及質量穩定、易於變現的動產進行質押；加強授信企業與上下游廠商之間交易關係真實性的審查，嚴格執行收款確認、提貨回執等手續；加強巡庫核貨力度，按授信審批要求的頻率進行巡庫；督促監管商增強對監管流程的全面管理，嚴格按其內部制度及銀行出具的監管方案，對抵質押物出入庫手續、臺帳建立進行規範操作等。

（3）明確各方權利與義務，降低法律風險。在線上供應鏈金融業務中，質押物所有權在多方主體間流動，易產生所有權糾紛。面對相關法律條款仍不完善、缺乏行業性指導文件等實際情況，商業銀行應根據自身的風險控制能力，具體分析可能面對的法律風險問題，設計金融產品和相應的風險管理辦

法，並在業務開展過程中，盡可能地完善法律合同文本，明確各方權利義務，將法律風險降到最低。此外，盡快建立與國際接軌的法律法規，建立健全社會信用系統及企業、個人信用登記制度，減少法律糾紛中的行政干預等，對於營造良好的供應鏈金融環境、推動線上供應鏈金融的有序發展意義重大。

（4）提高技術水準，提升人員素質。針對供應鏈金融信息技術水準落後的問題，商業銀行應構建或升級專門的信息技術支持平臺，推進對供應鏈金融物流、信息流、資金流的即時處理。通過業務的線上改造，將目前手工作業的銀企合作升級為電子平臺，適應多行業、多主體的信息流監控。人員方面，商業銀行應加強人才引進、專業人員培訓，建立一支覆蓋前、中、後臺的專業化隊伍，特別加強對客戶經理、操作人員的培訓，全面掌握線上供應鏈金融產品政策、流程等信息，並可建立相應的從業人員資質證制度，要求從業人員持證上崗。

參考文獻

[1] 白少布,劉洪.基於供應鏈保兌倉融資的企業風險收益合約研究 [J].軟科學,2009 (10): 118-122.

[2] 蔡笑鋒,苑清民.中小企業信用評級的指標體系與方法 [J].經濟管理,2005 (11): 46-49.

[3] 陳冠宇.中小銀行在中小企業融資中的作用探析 [J].黑龍江金融,2011 (7): 62-64.

[4] 陳祥鋒,石代倫,朱道立.融通倉與物流金融服務創新 [J].科技導報,2005 (9): 30-33.

[5] 陳長彬,盛鑫.供應鏈金融中信用風險的評價體系構建研究 [J].福建師範大學學報(哲學社會科學版),2013 (2): 79-86.

[6] 戴琳.中小企業知識產權質押融資問題分析 [J].雲南大學學報(法學版),2012 (5): 52-56.

[7] 戴維·M.沃克.牛津法律大辭典 [M].北京社會與科技發展研究所組織,譯.北京: 光明日報出版社,1989.

[8] 董勁.農產品物流金融融通倉模式風險管控策略探討 [J].商業經濟研究,2016 (5): 174-175.

[9] 杜永斌.商業銀行保兌倉業務信用風險防範研究 [D].武漢: 華中科技大學,2011.

[10] 房豔蕾,張義剛.使用保兌倉進行採購的意義 [J].中國物流與採購,2010 (4): 70-71.

[11] 郭勝聖.供應鏈金融的保兌倉決策研究 [D].北京: 清華大學,2011.

[12] 郭迎.供應鏈應收帳款融資銀企博弈分析及對策研究 [D].南昌: 南昌大學,2013.

［13］郭永輝.設計鏈聯盟的信用博弈分析［J］.科技進步與對策，2009（19）：22-24.

［14］韓雯，魏彧.進一步加快科技型中小企業發展［N］.天津日報，2012-12-05.

［15］韓杰，蘇濤永，邵魯寧.科技型中小企業融資需求分析及政府政策供給模式［J］.上海管理科學，2010（1）：96-99.

［16］何娟，馬中華.消費型企業融通倉風險因素識別與風險評價研究［J］.甘肅社會科學，2008（3）：90-94.

［17］何娟，沈迎紅，何勇.融通倉風險評價指標體系的創建［J］.企業經濟，2008（6）：127-129.

［18］華志遠，張天瑞，廖宏翼，等.政府在中小企業融資中的新策略［J］.金融發展研究，2012（1）：84-85.

［19］黃海洋，葉春明.博弈分析框架下的供應鏈應收帳款融資研究［J］.物流科技，2014（12）：8-12.

［20］黃慧敏，付劍茹.利用風險投資解決科技型中小企業融資難題［J］.金融與經濟，2008（3）：77-79.

［21］黃祥正.基於核心企業信用資源的供應鏈金融融資模式研究——以浙江網新數碼銷易達業務為例［J］.國際金融，2013（7）：29-32.

［22］吉迎東，楊曉杰.企業信用風險綜合評價指標體系構建［J］.物流工程與管理，2011（11）：174-175，180.

［23］季光偉.政府風投化解中小企業融資困難探索［J］.財經界（學術版），2011（5）：55-56.

［24］蔣國慶，肖冬榮.利用模糊層次綜合評判法評估信貸風險［J］.統計與決策，2005（4）：17-18.

［25］康書生，鮑靜海，史娜，李純杰.中小企業信用評級模型的構建［J］.河北大學學報（哲學社會科學版），2007（2）：26-33.

［26］黎麗霞.自營電子市場與第三方電子市場的信用博弈分析［J］.電子商務，2007（8）：64-66.

［27］李東東，黃平.中小企業供應鏈應收帳款融資的銀企博弈分析［J］.企業導報，2014（13）：13-14.

［28］李靜，雷楊.融通倉——解決中小企業融資難的有效途徑——融通倉及其運作模式探析［J］.特區經濟，2004（12）：128-129.

[29] 李麗. 基於統一授信模式融通倉的第三方物流選擇中小企業 [J]. 工業工程, 2010 (4): 48-52.

[30] 李毅學. 供應鏈金融風險評估 [J]. 中央財經大學學報, 2011 (10): 36-41.

[31] 李占雷, 孫悅. 供應鏈應收帳款質押融資的雙重 Stackelberg 博弈分析 [J]. 物流科技, 2014 (2): 24-27.

[32] 李忠民, 尹海員. 非完全信息下醫患關係的貝葉斯博弈分析 [J]. 生產力研究, 2007 (4): 58-60.

[33] 林強, 李曉徵, 師杰. 保兌倉融資模式下數量折扣契約的參數設計 [J]. 天津大學學報 (社會科學版), 2014 (1): 12-17.

[34] 林毅夫, 李永軍. 中小金融機構發展與中小企業融資 [J]. 經濟研究, 2001 (1): 10-18, 53-93.

[35] 劉可, 繆宏偉. 供應鏈金融發展與中小企業融資——基於製造業中小上市公司的實證分析 [J]. 金融論壇, 2013 (1): 36-44.

[36] 劉莉, 孫芳. 供應鏈應收帳款融資信用風險評價 [J]. 湖南工業大學學報 (社會科學版), 2015 (3): 29-33.

[37] 劉雪鳳, 王冬狗. 政府信用博弈分析及制度建構 [J]. 行政與法 (吉林省行政學院學報), 2005 (1): 46-48.

[38] 劉洋, 李長福. 供應鏈應收帳款融資的決策分析與價值研究 [J]. 內蒙古煤炭經濟, 2016 (7): 90-91, 97.

[39] 龍遊宇, 程民選. 產權與信用：博弈中的原初邏輯 [J]. 湖北經濟學院學報, 2008 (5): 28-35.

[40] 盧珊, 趙黎明. 基於協同理論的創業投資機構與科技型中小企業演化博弈分析 [J]. 科學學與科學技術管理, 2011 (7): 120-123, 179.

[41] 魯其輝, 曾利飛, 周偉華. 供應鏈應收帳款融資的決策分析與價值研究 [J]. 管理科學學報, 2012 (5): 10-18.

[42] 路洪衛. 信用博弈分析與政府信用建設 [J]. 湖北社會科學, 2003 (11): 63-64.

[43] 羅齊, 朱道立, 陳伯銘. 第三方物流服務創新：融通倉及其運作模式初探 [J]. 中國流通經濟, 2002 (2): 11-14.

[44] 馬克思. 資本論：第 3 卷 [M]. 北京：人民出版社, 1953.

[45] 任慧軍, 李智慧, 方毅. 物流金融下保兌倉模式中的風險分析 [J].

物流技術, 2013 (13): 24-26.

[46] 任培民, 陳育花, 姜彬, 李銀鈴, 趙能. 科技型中小企業專利質押融資評價指標體系研究 [J]. 山東農業大學學報 (社會科學版), 2012 (4): 55-60, 118.

[47] 史麗媛, 葉蜀君. 倉單質押與保兌倉模式增值機理分析 [J]. 金融與濟, 2010 (10): 69-71.

[48] 宋波, 徐飛. 聯盟穩定性的靜態貝葉斯博弈分析 [J]. 上海交通大學學報, 2009 (9): 1373-1376, 1382.

[49] 孫啟慧. 供應鏈應收帳款融資的發展與風險防範 [D]. 濟南: 山東大學, 2015.

[50] 孫勇. 知識產權質押助推科技型中小企業融資 [N]. 中國高新技術產業導報, 2012-05-14A05.

[51] 譚小芳. 關於上市公司信用的博弈現狀以及對策分析 [J]. 現代管理科學, 2010 (9): 111-113.

[52] 湯蕙.「新三板」與中小企業融資 [J]. 中國外資, 2012 (24): 155-156.

[53] 田侃, 崔萌萌. 信用的博弈分析及信用缺失治理 [J]. 財貿經濟, 2007 (9): 63-67.

[54] 田雷, 劉文笑. 商業銀行供應鏈金融業務研究 [J]. 金融經濟, 2011 (6): 60-62.

[55] 汪守國, 徐莉. 供應鏈融資模型及其風險分析 [J]. 商業時代, 2009 (22): 75-76, 21.

[56] 王超. 從保兌倉角度研究供應鏈金融 [J]. 金融經濟, 2011 (20): 60-62.

[57] 王建明. 法律和信用的博弈分析 [J]. 西安財經學院學報, 2003 (2): 39-42.

[58] 王琪. 基於決策樹的供應鏈金融模式信用風險評估 [J]. 新金融, 2010 (4): 38-41.

[59] 王儒泉. 保兌倉產品的風險研究 [D]. 北京: 北京交通大學, 2013.

[60] 王信存, 黃金鵬. 基於模糊綜合評價的信用風險評估 [J]. 遼寧師範大學學報 (自然科學版), 2009, 32 (2).

[61] 王珍. 淺談太鋼不銹開展保兌倉業務及其風險控制 [J]. 會計之友

(下旬刊刊),2009(12):62-63.

[62] 吳澤瑩.基於供應鏈金融的保兌倉參與方策略與風險評價研究 [D].重慶:重慶大學,2014.

[63] 夏陽,顧新.科技型中小企業的知識產權投融資風險管理 [J].科學學與科學技術管理,2012(9):98-104.

[64] 肖美丹,樊為剛,尚志強.面向融通倉系統的物流企業選擇優化研究 [J].工業技術經濟,2011(6):110-115.

[65] 肖俠.科技型中小企業知識產權質押融資管理對策研究 [J].科學管理研究,2011(5):116-120.

[66] 肖玉香.科技型中小企業金融支持制度研究 [J].求索,2011(5):45-46,72.

[67] 謝江林,涂國平,何宜慶.基於信號傳遞模型的供應鏈應收帳款質押融資 [J].江西社會科學,2015(5):203-207.

[68] 熊彼特.經濟發展理論 [M].孔偉豔,朱攀峰,婁季芳,編譯.北京:北京出版社,2008.

[69] 熊熊,馬佳,趙文杰,王小琰,張今.供應鏈金融模式下的信用風險評價 [J].南開管理評論,2009(4):92-98,106.

[70] 徐鵬,王勇,何定.統一授信模式融通倉的4PL對3PL的激勵契約 [J].管理工程學報,2012(3):50-54,108.

[71] 徐曉萍,李猛.商業信用的提供:來自上海市中小企業的證據 [J].金融研究,2009(6):161-174.

[72] 嚴正.政府在中小企業融資中的作用 [J].經濟研究導刊,2012(13):79-80.

[73] 顏明,王軍,張繼霞,等.基於VaR的保兌倉部分承諾回購模式研究 [J].青島大學學報(自然科學版),2013(2):91-94.

[74] 楊棉之,姬福松.私募股權及其在科技型中小企業融資中的應用 [J].現代管理科學,2010(7):34-36.

[75] 楊晏忠.論商業銀行供應鏈金融的風險防範 [J].金融論壇,2007(10):42-45.

[76] 楊玉娟.供應鏈應收帳款融資決策的分析與研究 [J].財會學習,2015(18):54.

[77] 姚益龍.轉軌時期企業信用博弈分析 [J].經濟理論與經濟管理,

2004（2）：47-50.

[78] 殷慧琴. 發揮政府主導作用　努力破解企業融資難——吉水縣中小企業融資難問題分析［J］. 中國高新技術企業，2012（Z3）：10-12.

[79] 徐劍梅. 以供應鏈金融緩解中小企業融資難問題［J］. 經濟縱橫，2011（3）：99-102.

[80] 徐文華. 中小出口企業應對經濟危機能力的研究——基於江蘇省出口企業的實例分析［J］. 國際商務（對外經濟貿易大學學報），2012（3）：27-36.

[81] 占濟舟，張福利，趙佳寶. 供應鏈應收帳款融資和商業信用聯合決策研究［J］. 系統工程學報，2014（3）：384-393，432.

[82] 張德棟，張強. 基於神經網絡的企業信用評估模型［J］. 北京理工大學學報，2004（11）：982-985.

[83] 張浩. 基於供應鏈金融的中小企業信用評級模型研究［J］. 東南大學學報（哲學社會科學版），2008（S2）：54-58.

[84] 張偉斌，劉可. 供應鏈金融發展能降低中小企業融資約束嗎？——基於中小上市公司的實證分析［J］. 經濟科學，2012（3）：108-118.

[85] 張文娟. 政府搭橋　破解科技型中小企業融資困境［J］. 中國農村科技，2010（10）：20-21.

[86] 張餘華. 融通倉：金融與第三方物流的創新服務［J］. 北方經濟，2005（1）：62-63.

[87] 仉瑄，李海鵬. 商業銀行交易鏈融資業務的授信模式與風險控制［J］. 新金融，2011（4）：44-46.

[88] 趙亞娟，楊喜孫，劉心報. 供應鏈金融與中小企業融資能力［J］. 區域金融研究，2009（11）：57-62.

[89] 甄瑩，蘆瑋. 如何在鋼材貿易中規範操作保兌倉業務［J］. 中國物流與採購，2009（23）：54-55.

[90] 鄭紹慶. 融通倉——第三方物流架設銀企橋樑［J］. 財經理論與實踐，2004（1）：43-45.

[91] 鐘佳萌. 保兌倉模式下零售商訂購決策研究［J］. 物流工程與管理，2012（1）：87-89.

[92] 周純敏. 商業銀行對供應鏈融資的風險管理［J］. 山西財經大學報，2009（S2）：115-116.

［93］周麗娟, 餘伯陽. 中國保健食品產業信用的博弈分析及對策研究［J］. 華中農業大學學報（社會科學版）, 2007（4）: 62-66.

［94］朱塞佩·格羅索. 羅馬法史［M］. 黃風, 譯. 北京: 中國政法大學出版社, 1994.

［95］ABAD P L, JAGGI C K. A joint approach for setting unit price and the length of the credit period for a seller when end demand is price sensitive［J］. International Journal of Production Economics, 2003, 83（2）: 115-122.

［96］ANTHOY G. The consequences of modemity［M］. Stanford: Stanford university press, 1990

［97］ARROW K J, FRANK H. Notes on sequences economics, transaction costs, and university［J］. Journal of Economics Theory, 1999, 86（2）: 203-216

［98］AUMANN, ROBERT J. Backward in backward induction and common knowledge of rationality［J］. Games and Economic Behavior, 1995, 8（1）: 6-19.

［99］CHANG HWAN LEE, BYONG-DUK RHEE. Trade credit for supply chain coordination.［J］. European Journal of Operational Research, 2011, 214.

［100］DUBEY P, SHUBIK M. A closed economic system with production and exchange modelled as a game of strategy［J］. Office of Naval Research, 1976, 5: 80.

［101］HENRY DUNNING MACLEOD. The theory of credit［M］. London: Longmans, Green, and Co., 1889.

［102］HURWICZ, LEONID. The design of mechanisms for resource allocation［J］. American Economic Review, American Economic Association, 1973, 63（2）: 1-30.

［103］J. VAN RYZIN. Bayes risk consistency of classification procedures using density estimation［J］. The Indian Journal of Statistics, 1966, 28: 261-270.

［104］JAMES A. MIRRLEES. The optional structure of incentives and authority within an organization［J］. Bell Journal of Economics and Management Science, 1976（3）.

［105］JANZADEH H, FAYAZBAKHSH K, DEHGHAN M, et al. A secure credit-based cooperation stimulating mechanism for MANETs using hash chains［J］. Future Generation Computer Systems, 2009, 25（8）: 926-934.

［106］JOHN AITCHSON, JOHN BACON-SHONE. Bayesian risk ratio analysis

[J]. The American statistician, 1981, 35 (4).

[107] JOHN HARSANYI. Games with Incomplete Information Played by bayesian [J]. Players Management Science, 1967, 14 (3): 159-182.

[108] JOHN NASH. Non-cooperative game [J]. The Annals of Mathematics, 1951, 54 (2): 286-295.

[109] JOSEPH E. STIGLITZ. Equilibrium in competitive insurance markets, the welfare economics of moral hazard: basic analytics [M]. Kingston: Queens University, Institute for Economic Research, 1982.

[110] MARKOWITZ H. Portfolio Selection: Efficient Diversification of Investments [M]. New York: Wiley, 1959.

[111] MARKOWITZ H. Portfolio Selection [J]. Journal of Finance, 1952 (7): 77-91.

[112] MARKOWITZ H. Portfolio Selection: Efficient Diversification of Investments [J]. Risk Analysis, 2006, 26 (2): 293-296.

[113] MASKIN, ERIC. Nash equilibrium and welfare optimality [J]. Review of Economic Studies, 1999, 61 (6): 23-38.

[114] MICHAEL SPENCE. Signaling in retrospect and the informational structure of markets [J]. American Economic Review, 2002, 92 (3): 434-459.

[115] MYERSON, ROGER B. Mechanism Design by an informed principal [J]. Econometrica, Econometric Society, 1983, 51 (6): 1767-1797.

[116] MYERSON, ROGER B. Two-person bargaining problems with incomplete information [J]. Econometrica & Econometric & Society, 1984, 52 (2): 461-487.

[117] NWOGUGU, MICHAEL. Some game theory and financial contraction, 2007, 186 (2): 1018-1030.

[118] PAN-XIAO-LIN. Evaluation of business banks credit risk based on fuzzy influence diagram method [J]. Joural of Chongqing normal university, 2005, 22 (2).

[119] PRAKASH P. SHENOY. Valuation-based system for bayesian decision analysis [J]. Operations Research, 1992, 40 (3): 463-484.

[120] SELTEN R. Models of strategic rationality [M]. London: Kluwer Academic Publisbers, 1988.

[121] SHUBIK M. Strategic market game: a dynamic programming application to money, banking and insurance [J]. Mathematical Social Sciences, 1986, 12 (3): 265-278.

[122] VICKERY, WILLIAM. The fallacy of using long-run cost for peak-load pricing [heterogeneous users and the peak-load pricing model] [J]. The Quarterly Journal of Economics, 1985, 100 (4): 1331-1334.

[123] YACOV Y HAIMES. On the Complex Definition of Risk: Systems-Based Approach [J]. Risk Analysis, 2009 (3): 1647-1654

國家圖書館出版品預行編目（CIP）資料

中小企業「互聯網+供應鏈金融」模式創新及風險防控研究
/ 張誠, 魏華陽著. -- 第一版. -- 臺北市：財經錢線文化, 2019.05
　　　面；　公分
POD版

ISBN 978-957-680-326-0(平裝)

1.金融管理 2.金融自動化 3.中國

561.029　　　　　　　　　　　　　　　108006730

書　　　名：中小企業「互聯網+供應鏈金融」模式創新及風險防控研究
作　　　者：張誠、魏華陽 著
發 行 人：黃振庭
出 版 者：財經錢線文化事業有限公司
發 行 者：財經錢線文化事業有限公司
E - m a i l：sonbookservice@gmail.com
粉 絲 頁：　　　　　　網　址：
地　　　址：台北市中正區重慶南路一段六十一號八樓815室
8F.-815, No.61, Sec. 1, Chongqing S. Rd., Zhongzheng
Dist., Taipei City 100, Taiwan (R.O.C.)
電　　　話：(02)2370-3310　傳　真：(02) 2370-3210
總 經 銷：紅螞蟻圖書有限公司
地　　　址: 台北市內湖區舊宗路二段121巷19號
電　　　話:02-2795-3656　傳真:02-2795-4100　　網址：
印　　　刷：京峯彩色印刷有限公司（京峰數位）
　　本書版權為西南財經大學出版社所有授權崧博出版事業股份有限公司獨家發行電子
　　書及繁體書繁體字版。若有其他相關權利及授權需求請與本公司聯繫。

定　　　價：350元

發行日期：2019年 05月第一版

◎ 本書以 POD 印製發行